Balsamöl & wildes Kraut

HÖLKER VERLAG

Impressum

Autor / Rezepte: Michael Laumen

Fotos: Stephan Abry

Layout: Frische Grafik, Hamburg

Lektorat: Bettina Bartz, Gertrud Posch

Herausgeber / Produktion: Henning Seehusen

ISBN 3-88117-643-8

2004 Verlag W. Hölker GmbH, Münster

Inhalt

Michael Laumen

und seine Kochkunst

In der Flut der in den vergangenen Jahren erschienenen Kochbücher darf man sich mit Recht die Frage stellen, ob es den nun wirklich noch eines weiteren Kochbuchs bedarf. Die Antwort heißt ja, es bedarf dieses Kochbuchs.

Eigentlich braucht es zur Praktizierung einer guten Küche nur der Aneignung aller notwendigen technischen Fähigkeiten, z.B. der verschiedenen Garmethoden, um sich dann über die gerade erstandenen Viktualien herzumachen und eben mit dem zu kochen, was da ist. Erfahrung und Intuition verhelfen dann zu schönen Ergebnissen, geprägt durch die Handschrift des Kochs bzw. der Köchin. Ich konnte in den vielen Kochlehrgängen, die wir im "Ich weiß ein Haus am See" durchgeführt haben, jedoch feststellen, dass recht viele des Anstoßes bedürfen, insbesondere um sich an neue Themen heranzuwagen. Dies gilt um so mehr, wenn es sich um bisher gänzlich unbekannte Produkte handelt.

Abseits

vom Lärm…

Wildkräuter und mit Wildkräutern aromatisierte Öle sind ein besonderes Thema, man hat davon gehört, traut sich aber nicht so recht. Die Renaissance der Wildkräuter ist ein anscheinend nicht mehr aufzuhaltender Trend, ausgelöst durch die Arbeit weniger Pioniere und der zunächst von einigen "Oberligaköchen" entdeckten kulinarischen Möglichkeiten, die in den wilden Kräutern stecken. Diesen Trend möchte ich gerne unterstützen, weil Wildkräuter eine aromatische Bereicherung für die Küche darstellen. Kochen mit Wildkräutern und Wildkräuter Balsamölen bedeutet neue Entdeckungen zu machen, keinesfalls eine nostalgische Retroküche. Da hilft man dann gern.

Ich werde oft gefragt, warum diese Öle "Balsamöl" heißen.
Wer sie probiert, wird es schnell wissen. Sie schmecken und riechen wunderbar, dazu die cremige Konsistenz und die schönen Farben von goldgelb bis tiefgrün, da konnte man eigentlich nur auf "Balsam" als Synonym für gute Befindlichkeit kommen. "Wonneöl" wäre auch noch gegangen, hört sich aber doch ein bisschen komisch an.

Die sachliche Trennung zwischen der "Kochschule", also der Vermittlung von notwendigen Grundtechniken und Grundrezepten, und dem Rezeptteil soll durch die dingliche Trennung des Buches in zwei getrennte "Abteilungen" unterstrichen werden. Ich wollte nicht, dass die beiden Teile miteinander vermischt werden, außerdem können auf diese Weise ständige Wiederholungen in den Rezepturen vermieden werden. Man kann sich mithin kurz fassen, was die "Arbeit" mit dem Rezeptteil erleichtern sollte.

Ich empfehle, sich zunächst das Küchen-ABC komplett durchzulesen. Es ist der erste Teil des "mise en place". So nennt man die Vorbereitungsarbeiten in der Küche. Eine sorgfältige Vorbereitung ist das A und O der Küche, ohne sorgfältiges mise en place ist das Misslingen vorprogrammiert. Ein kreatives Chaos mag ja sympathisch sein, eine gute Küche entsteht auf solcher Basis jedenfalls meistens nicht, außerdem arbeitet es sich ungleich leichter mit entsprechendem Know-How. Auf ein weiteres Merkmal sei noch kurz eingegangen. Kaum ein Kochbuchautor verzichtet auf den Hinweis des kreativen Elements des Kochens, um dann in den Rezepturen drei Gramm Salz hier und viereinhalb Pfefferkörner dort vorzuschreiben.

So etwas ist in der Regel Unsinn - auch in der Profiküche. Gerade dort ist keine Rezeptur absolut statisch, man kämpft, meistens unter Zeitdruck und unzulänglichen Randbedingungen, immer um ein möglichst optimales Ergebnis. Niemand sollte den Koch oder die Köchin durch "millimetergenaue" Vorgaben der Rezepturen aus der Verantwortung des Abschmeckens entlassen.

Der Rezeptteil des Buches hat zwei Leitmotive, die in gewisser Weise auch das Unterscheidungsmerkmal des Buches zu anderen Kochbüchern darstellen. Dies ist die Verwendung nordeuropäischer Wildkräuter in einer feinen Frischküche, fernab jeder Ökotümelei. Der Ansatz der Verwendung dieser Kräuter ist rein kulinarischer Natur. Dass es auch gesund ist, manch einem Kräutlein wird ja sogar therapeutische Wirkung nachgesagt, wird dabei gerne billigend in Kauf genommen. Das zweite Leitmotiv ist die Verwendung von Wildkräuter-Balsamöl, also mit Wildkräutern aromatisiertes Speiseöl, und dem nach gleicher Produktphilosophie hergestellten Wildkräuter-Senf. Machen Sie sich frei von dem Gedanken, dass auf jedem guten Speiseöl Kreta, Toscana oder extra vergine stehen muß. Wildkräuter-Balsamöle sind feinaromatische Speiseöle aus kaltgepresster, nativer Rapssaat, die mit frischen heimischen Wildkräutern aromatisiert werden. Das Ergebnis sind Premium Speiseöl Cuvées in einer differenzierten geschmacklichen Vielfalt, von feinster Eleganz bis zur kernigen Kräuternote.

Neben diesem speziellen Öl finden aber auch andere hochwertige Öle ihren Platz in meiner Küche bzw. in diesem Kochbuch.

Das Subtile läßt sich, welche Wonne, im "mal eben" nicht erschließen. Wildkräuter und mit Wildkräutern aromatisierte Öle sind, das sei ausdrücklich gesagt, etwas für den subtilen Gaumen und ermöglichen einen persönlich geprägten Küchenstil in einer nachgeradezu unendlichen Vielfalt. Insofern möchte ich das gesamte Buch eher als Anleitung zum kreativen Kochen und zur Entwicklung eines persönlichen Kochstils sehen, denn als sture Vorlage.

Ich weiß ein Haus am See

und seine Küche

Als wir das Hotel Restaurant "Ich weiß ein Haus am See" im September 1994 eröffneten, war das ein gewagtes Unterfangen, weil die wichtigste Stelle des Hauses, die des Küchenchefs, mit einem Hobbykoch besetzt wurde. Dieser Hobbykoch war ich. Zwar hatte mir mein Freund Hans Bertels, der versierte Küchenchef des Krefelder Restaurants "Le Crocodile", in einem dreiwöchigen Kurzvolontariat Einblick in die Abläufe einer professionell betriebenen Restaurantküche gewährt und auch Mut gemacht, aber das Vorhaben blieb gewagt. Zumal dank der Treuhand Liegenschaften, von der wir das ehemalige Kinderferienlager, direkt am Krakower See gelegen, kaufen durften. Aus der ursprünglich avisierten Abwicklungszeit von sechs Wochen machten die hohen Herrn mal eben zwei Jahre. Dann gerieten wir noch an einen Bauunternehmer, der statt im Juni erst im September, also pünktlich nach der Saison, fertig wurde.

Auch heute noch ist der Winter in Mecklenburg eine Jahreszeit, in der die hier ansässigen Gastronomen leicht in eine Glaubenskrise geraten können. Nach dem geschilderten Vorspiel war die Zeit bis Ostern dann nicht so lustig, allerdings gab uns die "Ruhe" Gelegenheit, erste Meriten zu ernten, der "Feinschmecker" vergab die ersten "FF".

Nach der ersten kompletten Saison fehlten dem Koch zwar 10 Kilo Lebendgewicht, aber selbst dem konnten einige noch etwas Positives abgewinnen. Ich gehörte nicht dazu.

Der Michelinstern kam 1995 für uns alle überraschend, nicht weil wir uns für unwürdig hielten, sondern wir uns darüber wunderten, so schnell gefunden worden zu sein. Nach der durchlebten "Glückssträhne" wären im übrigen schon weitaus geringfügigere Anlässe freudiger Überraschung Grund ungläubigen Augenreibens gewesen.

Wir haben uns nie auf diesen Lorbeeren ausgeruht und dank einer allzeit gut motivierten Küchen- und Service-Mannschaft ist es uns jedes Jahr gelungen, ein bisschen besser zu werden. Küche beginnt jeden Tag neu und führt doch jeden Tag weiter. Solange man dies beherzigt, gibt es keinen Stillstand.

Herzlichst Ihr

Michael Laumen

Krakow, im September 2003

Suppen
& Vorspeisen

Cocktail von Krustentieren

mit Mayonnaise von Balsamöl Edition Nr. 1

für 4 Personen

1 kleiner Hummer
Salz
125 g Shrimps
4 frische Jakobsmuscheln
1 Charantaisemelone

für die Mayonnaise

1 Eigelb
Zitronensaft
100–150 ml Balsamöl Edition Nr. 1
200 g Mesclun aus gezupften Teilen
von Blatt- und Friséesalaten
sowie Wildkräutern der Saison
2 weiße Chicorée

Weinempfehlung
Für dieses Gericht gibt es einen perfek-
ten Wein: den weißen "Redoma" der
Portweinfirma Nieuwport.

Zubereitung

Den Hummer in Salzwasser abkochen, ausbrechen und in
Gabelhappen teilen. Shrimps blanchieren, Jakobsmuscheln
anbraten und je nach Größe ebenfalls teilen.

Aus der Melone entweder mit dem Kugelausstecher Kugeln
auslösen oder Melone entsprechend aufschneiden.
Pro Person 4-5 Stücke.

Die Zutaten für die Mayonnaise müssen alle
Zimmertemperatur haben.

Das Eigelb mit ein paar Tropfen Zitronensaft und etwas Wasser
verschlagen. Das Öl zunächst tropfenweise unterschlagen,
sobald die Emulsion anzieht, kann man etwas mutiger angießen. Bei zu geringer Bindung ein wenig Wasser nachgießen.
Mit Salz würzen.

Die Mayonnaise unter die Gabelhappen von Melone und
Krustentieren ziehen. Die Servierschüsselchen mit den
Salatblättern und Chicoréespitzen auslegen. Den Cocktail ein-
füllen und sofort servieren.

Bemerkung
Die Idee mit der Melone ist von Ralf Hiener (Essbare Landschaften), immer wieder grand inspirateur!

Schöne Variante ist es, Stücke von einer gelb- und einer grün-
fleischigen Melone zu nehmen. Achten Sie aber darauf, dass die
Melone fest und nicht zu vollreif und damit zu süß ist.

Sauerklee

Schabziger-Sauerkleesuppe

mit Sesamzander

für 4 Personen

4 EL feine Gemüsejulienne

1 EL Butter

200 ml kräftige Gemüse-

oder Fischbrühe

200 g Küchencreme

(ersatzweise dicke süße Sahne)

2 TL gerebbelter Schabzigerklee

2 EL Püree vom Sauerklee

oder Sauerampfer

1-2 TL kalte Knoblauchbutter

Salz, Pfeffer

4 kleine Zandertranchen mit Haut

(je 30-40 g)

2 EL geklärte Butter

gerösteter Sesam

frischer Sauerklee zum Garnieren

Zubereitung

Die Gemüsejulienne in Butter anschwitzen und mit der Gemüse- oder Fischbrühe auffüllen.

In einem anderen Topf die Küchencreme mit dem Schabzigerklee 5-10 Min. köcheln, bis etwas Bindung und ein dezentes, aber deutliches Aroma vorliegt.

Die aromatisierte Creme zwecks Farbgebung mit dem Sauerkleepüree und der Knoblauchbutter mit dem Handmixer aufschlagen. Küchencreme durch ein Passiersieb zur Brühe geben. Mit Salz und Pfeffer abschmecken.

Den mit Salz und Pfeffer gewürzten Zander auf der Hautseite in geklärter Butter kross braten, mit etwas geklärter Butter bestreichen, mit dem Sesam bestreuen und unter dem Grill kurz gar ziehen.

Den Zander in die Suppe geben. Die Suppe vor dem Servieren mit Sauerkleeblättern garnieren.

Wiesenkümmel

Wruckensüppchen

mit grünem Wildkräuter Balsamöl

für 4 Personen

| 200 g gewürfelte Wrucke |
| 100 g gewürfelte Zwiebeln |
| 2 EL Butter |
| Salz, Pfeffer, Muskatnuss |
| 10 g frischer Ingwer |
| 1 TL Kurkuma |
| 2 TL Curry |
| 1-2 Knoblauchzehen |
| 200 g dicke süße Sahne |
| oder Küchencreme |
| 200 ml Fleisch- oder Hühnerbrühe |
| 1 EL grünes Balsamöl |
| 1 TL alter Balsamicoessig |
| 1 TL Wildkräuterpüree |

Zubereitung

Die Wrucke mit den Zwiebeln in Butter anschwenken und mit Salz, Pfeffer, Muskat würzen. Unter gelegentlichem Wenden in 15 Min. bei schwacher Hitze weich schmurgeln. In den letzten 5 Min. Kurkuma, Curry und den Knoblauch durch die Presse zugeben. Mit Ingwer und Sahne oder Küchencreme und Brühe kurz aufkochen lassen und im Mixer aufschlagen. In einen Topf geben und unmittelbar vor dem Servieren mit frischem Ingwer abschmecken. Wenn die Konsistenz zu dick ist, Brühe und/oder Sahne dazugeben.

Mit dem Rührstab etwas aufschäumen und in die Suppentassen oder -teller geben.

Öl, Balsamico und Wildkräuterpüree zu einer nicht zu dicken Creme verrühren. Pro Teller mit je 1 - 1 1/2 TL dieser starken Würze verfeinern, natürlich nicht umrühren.

Bemerkung

Wrucke ist der mecklenburgische Ausdruck für Steckrübe. Wie bei allen passierten und mit Sahne gebundenen Gemüsesuppen ist es für den Geschmack ausschlaggebend, dass das Gemüse in reichlich Butter angeschwenkt wird, bevor Brühe und Sahne angegossen werden.

Den Knoblauch, den man auf keinen Fall weglassen sollte, nicht zu früh beigeben, da er leicht anbrät und bitter wird.

Wenn man die Suppe am Vortag vorbereitet, dickt sie stark nach. Man braucht also unter Umständen etwas mehr Brühe und Sahne, um den Suppenfond zu verlängern.

Die besten Ergebnisse erreicht man, wenn man die Suppe à la minute kocht und aus dem Mixer in die Suppentasse gibt.

Anstatt des grünen Balsamöls kann man auch steirisches Kürbiskernöl nehmen.

Rote Melde

Borschtsch

vom Kaninchen

für 4 Personen

1 zerlegtes Kaninchen mit

Leber und Nieren

1 Bund Suppengrün

Salz, Pfeffer

geklärte Butter

1 mittelgroße ungeschälte

Rote Beete

1 mittelgroße Navette

1 große Möhre

1 Stange Porree

1 Tasse karamellisiertes Weißkraut

gehackte Petersilie

Zubereitung

Vom Kaninchen die Hinterläufe für eine andere Zubereitung beiseite legen. Von den Karkassen, den Vorderläufen des Kaninchens und dem geputzten, zerkleinerten Suppengrün einen klaren Fond kochen. Den Fond passieren, falls notwendig klären und bei kleiner Flamme auf die Menge reduzieren, die zum Füllen der Suppentassen benötigt werden. Brühe mit Salz und Pfeffer abschmecken. Die Leber und die Nieren von allem Fett befreien. Die ausgelösten Rücken in Butter anbraten und 5 Min. im Ofen nachgaren. Das Fleisch entsprechend dem Rezept S. 63 verarbeiten.

Rote Beete im Ofen 1 Std. garen, dann schälen, entweder mit dem Kugelausstecher Perlen herstellen oder in löffelgerechte Julienne schneiden. Nicht mit den anderen Gemüsen mischen! Die anderen Gemüse putzen und waschen, in Julienne oder andere löffelgerechte Formen schneiden und blanchieren.

Leber und Nieren in Butter braten, dann in Scheibchen schneiden. Kaninchenrücken in feine Taler schneiden.

Beides in die heißen Suppentassen geben, mit den Gemüsejulienne und dem Weißkraut bedecken. Mit der heißen Brühe übergießen und etwas ziehen lassen. Etwas gehackte Petersilie aufstreuen.

Bemerkung

Leber und Niere gehören eigentlich in jede Borschtsch, auch wenn man das kaum noch in Rezepturen findet. Bei dieser Kaninchen-Borschtsch ist diese Einlage besonders delikat.

Rote Beete kann man natürlich auch kochen, durch die Garung im Ofen bleibt jedoch der erdige Ton besser erhalten. Wenn das Gemüse zu warm geschält und aufgeschnitten wird, hat man einen hohen Saftverlust, was man vermeiden sollte.

Borschtsch wird am Tisch üblicherweise mit einem Schuss saurer Sahne angegossen. Ich persönlich verzichte darauf, weil ich finde, dass es keine geschmackliche Bereicherung ist und ich es nicht übers Herz bringe, den schönen klaren Suppenfond zu "verdunkeln".

Melde

Gemüsecanelloni

auf sautierter Melde

für 4 Personen

2 kleine ungeschälte Zucchini
2 Möhren
1 Lauchstange
Gemüsebrühe
250 g blanchierte Melde
(ersatzweise Mangold oder Spinat)
1 klein gehackte Zwiebel
Butter
1 durchgepresste Knoblauchzehe
Muskatnuss, Salz, Pfeffer, Zucker
geröstete Pinienkerne

für die sautierte Melde

250 g Melde (ersatzweise das gleiche
Gemüse wie in der Cannellonifüllung)
Balsamöl
Muskatnuss, Salz, Pfeffer, Zucker
Parmesan

Zubereitung

Das geputzte Gemüse möglichst auf der Aufschnittmaschine in hauchdünne Streifen von 12-13 cm Länge schneiden.
In der Brühe gar ziehen lassen. Die Streifen abwechselnd auf eine geölte Alufolie auf eine Länge von 7-8 cm überlappend auslegen.

Die Melde gut ausdrücken. Zwiebel in Butter anschwitzen. Melde mit Knoblauch dazugeben und mischen. Gemüse würzen und mit den Pinienkernen vermengen.

Eine 3 cm starke Rolle der Meldemischung am Rand des Gemüsemantels auflegen und alles in der Alufolie eindrehen. Diese "Wurst" kann vorbereitet werden und à la minute im Fond in 10 Min. warmgezogen werden.

Die Melde à la minute in etwas Salzwasser mit Balsamöl sautieren und abschmecken.

Den Boden eines tiefen Tellers mit der sautierten Melde füllen.

Die Gemüsecanelloni darin aufsetzen und etwas Parmesan mit dem Trüffelhobel darüber geben.

Die Gemüsecanelloni können auch sehr gut als Beilage zu Fisch- und Fleischgerichten gereicht werden.

Bemerkung

Möchte man das Gericht als vegetarischen Hauptgang servieren, kann man dazu sehr schön gebratene oder gekochte Quark- oder Kartoffelgnocchi reichen.

Giersch

Wildkräutersoufflé

mit Kräuterrahm

für 4 Personen

Butter für die Förmchen

mie de pain (Paniermehl)

2 sehr frische Eier

80 g Quark (40% Fett)

1 EL fein geriebener Gruyère

1 EL fein geriebener Parmesan

Zucker, Pfeffer, Muskatnuss

4 EL Wildkräuterpüree

5 g Maisstärke

250 g Melde

250 g Giersch

125 g Sahne

Salz, Pfeffer, Muskatnuss

Balsamöl der jeweiligen Saison

Zubereitung

Heiße Förmchen ausbuttern und mit feinster mie de pain bestreuen. Eier trennen und Eiweiße beiseite stellen. Quark mit Eigelben und Käse verrühren und abschmecken. Ein Viertel der Masse abnehmen und mit dem Kräuterpüree vermengen.

Eiweiße mit Maisstärke zu steifem Schnee schlagen. Eischnee anteilig unter die beiden Massen heben. Die Förmchen maximal zu Hälfte füllen, wobei immer zuerst die helle Masse eingefüllt wird und dann etwas von der Kräutermasse eingezogen wird.

Im Wasserbad etwa 1 cm hoch bei 200°C im Ofen 10 Min. garen. Sobald die Soufflés schön aufgegangen sind, müssen sie serviert werden. Bei zu langem Backen fallen die Soufflés wieder zusammen.

Melde und Giersch getrennt blanchieren und mit der aufgekochten, gewürzten Sahne im Mixer zwei verschieden farbige Rahmpürees kochen. Mit dem Balsamöl abschmecken.

Die beiden Rahmsaucen auf dem Boden eines tiefen Tellers ineinander verlaufen lassen. Das Soufflé in die Mitte setzen und servieren.

Weinempfehlung

Ich rate zu etwas Ausgefallenem, wie beispielsweise einem trockenen Muskateller vom Kaiserstuhl.

Sauerklee

Sauerklee-Karottenterrine

mit Balsamöl-Joghurtdressing

für 4 Personen

1-2 Lauchstangen
Salz
1 Bund Möhren
1 Knoblauchzehe
1 EL Butter
1 Thymianzweig
Koriander oder glatte Petersilie
50 ml Noilly Prat
100 ml Hühnerbrühe
6 Blatt Gelatine
80 g Sauerklee
100 g Joghurt
100 g Doppelrahm Frischkäse
oder Quark

für das Dressing

4 EL Balsamöl der Saison
4 EL Joghurt
Sahne
1 EL geriebene Zwiebel
Salz, weißer Pfeffer
gemahlener Koriander

Zubereitung

Den Lauch in Salzwasser blanchieren. Terrinenform mit Folie auslegen. Form mit den Lauchblättern überlappend auslegen. Die geputzten Möhren mit dem zerdrückten Knoblauch in Butter anschwitzen, Thymian und Koriander oder Petersilie dazugeben. Mit Noilly Prat und Brühe auffüllen und weich schmoren. Die Möhren herausnehmen und beiseite legen. Den Schmorfond reduzieren, passieren und die zuvor eingeweichte Gelatine darin auflösen.

Vom Sauerklee etwas für die spätere Dekoration abnehmen, den Rest hacken und mit dem Joghurt im Mixer pürieren. Den Frischkäse oder Quark und die im Schmorfond aufgelöste Gelatine unter den Sauerkleejoghurt ziehen und abschmecken. Die Form Schicht für Schicht mit den geschmorten Möhren und der Käsecreme füllen. Lauchdeckel überschlagen. Die Terrine beschwert mindestens 3 Std. kühl stellen.

Die Zutaten für das Dressing mit dem Stabmixer aufschlagen und abschmecken, ggfls. mit etwas trockenem Weißwein oder Noilly Prat auffüllen, falls es zu dick gerät.

Die Terrinenscheibe mit den beiseite gelegten Sauerkleeblättern dekorieren.

Dazu passt ein kleines Bouquet aus Salat und Wildkräutern sehr gut.

Weinempfehlung
Ein Riesling Kabinett vom Mosel-Winzer Kallfels.

Bronzefenchel

Kaviar auf Pellkartoffeln

mit Wildkräutersenf-Sabayon

für 4 Personen

4 hühnereigroße Pellkartoffeln,
Sorte Sieglinde

1 kleines Glas Weißwein

1-2 EL Wodka

1 ganzes Ei

1 Eigelb

1-2 EL Wildkräutersenf

Salz, Pfeffer

4 EL Kaviar

Kräutersträußchen zur Dekoration

Zubereitung

Die Kartoffeln kochen und abziehen. Kartoffeln so abschneiden, dass sie senkrecht auf dem Teller stehen bleiben. Nun auch die andere Seite kappen und die Kartoffeln mit dem Kugelausstecher etwas aushöhlen.

Weißwein, Wodka und Eier in einer Rührschüssel schaumig schlagen, dann auf ein heißes Wasserbad setzen und steif schlagen, zum Schluss den Senf unterziehen. Mit Salz und Pfeffer abschmecken.

Etwas Sabayon in die Kartoffeln geben und die Kartoffeln mit dem Kaviar füllen.
Alles mit dem Sabayon nappieren und mit einem Kräutersträußchen anrichten.

Bemerkung
Dazu passt sehr schön ein Gläschen Champagner, zum Beispiel der "R de Ruinart 1996".

Schafgarbe

Jakobsmuscheln auf warmem Salat

von Chicorée und eingelegtem Rettich

für 4 Personen

4 große Jakobsmuscheln,

frisch aus der Schale

Fett für das Backblech

1 weißer Chicorée

1/2 eingelegter Rettich (China)

4 feste braune Champignons

oder Shiitake-Pilze

4 Stangen grüner Spargel

2 Tomaten

neutrales Öl

Salz, Ras el Hanut

einige getrocknete Tomaten

Balsamöl Sommer-Cuvée

Blättchen von der Schafgarbe

oder Kerbel

Zubereitung

Mit dem Bundmesser ein Grillmuster in die ausgelöste Nuss der Jakobsmuschel schneiden und von beiden Seiten kurz anbraten. Auf ein gefettetes Blech setzen und unter dem Salamander bzw. dem Grill in 3-4 Min. garziehen.

Den Chicorée und den Rettich in Streifen schneiden. Die Pilze blättrig schneiden. Den Spargel je nach Dicke längs halbieren oder vierteln und in Abschnitte von 2-3 cm schneiden. Tomaten abziehen, das Kerngehäuse entfernen und achteln. In einer Pfanne etwas Öl erhitzen. Gemüse nacheinander in der aufgeführten Reihenfolge in die Pfanne geben, kräftig mit Salz und Ras el Hanut würzen und 2 Min. durchschwenken.

Die getrockneten Tomaten in feine Brunoise schneiden und mit Balsamöl übergießen.
Dieses aromatisierte Öl sollte einen Tag gezogen haben und kann dann gut mehrere Tage aufbewahrt werden. Es passt als Sauce, nicht nur zu diesem Gericht, ausgezeichnet.

Den Salat anrichten, die Muscheln darauf legen, Sauce darüber geben, mit Schafgarbenblättchen oder Petersilie garnieren.

Bemerkung

Dieses Gericht ist bei unseren Gästen ganz besonders beliebt. Die etwas exotische Note des eingelegten Rettichs im warmen, mit Ras el Hanut gewürzten Salat harmoniert mit der Jakobsmuschel sehr gut.

Nehmen Sie nur frische Jakobsmuscheln in der Schale, Ware in der Lake oder auf andere Art konservierte Jakobsmuscheln haben selten kulinarischen Wert!

Weinempfehlung

Der Wein dazu muss unbedingt sehr trocken sein, ein weißer Bordeaux passt zum Beispiel sehr gut.

Süßdolde

Zanderlasagne

auf drei Wildkräutersaucen mit Waldpilzen

für 4 Personen

400 g dickes enthäutetes

Zanderfilet, ohne Schwanzstück

Salz

weißer Pfeffer

300 g Wildkräuter (3 verschiedene

Sorten, z.B. Bronzefenchel oder

Süßdolde, Bärlauch oder

Knoblauchrauke, Pimpinelle), von

jedem Kraut vier Blättchen für die

Dekoration der Lasagne-

Nudelblätter beiseite legen

100 ml Fischfond

100 g Sahne

1-2 EL Fischvelouté

kalte Butterflöckchen

120 g Nudelteig

3 Sorten Waldpilze, kleine Kappen

oder Trichter (je 8 Pilze, z.B.

Herbsttrompeten, Halimasch,

Pfifferlinge oder Steinpilze)

3 EL Butter

Zubereitung

Die Filets in 12 möglichst gleichgroße Tranchen von je 30 g schneiden und würzen.

Die Kräuter getrennt in Salzwasser blanchieren und daraus mit etwas Fischfond drei reinsortige Pürees mixen. Den restlichen Fond mit der Sahne aufkochen und etwas Fischvelouté dazugeben, damit die Sauce ein wenig Stand erhält.
In drei kleine Sauteusen oder Schüsselchen aufteilen und à la minute die Wildkräuterpürees und Butterflöckchen mit dem Handmixer einarbeiten, mit Salz abschmecken.

Den Nudelteig so dünn wie möglich ausrollen. Den Teig in 3 Streifen von 6 cm Breite schneiden. Jeden Streifen 1 cm vom Rand mit je 4 Wildkräuterblättern belegen. Dann den Teig überschlagen, so dass die Blätter bedeckt werden. Nudelblätter noch einmal mit der Nudelmaschine dünn ausrollen.
Mit dem Teigrad nun Lasagneblätter ausschneiden, die etwas größer sein sollen als die vorbereiteten Fischtranchen.
Die Lasagneblätter kochen.

Den Zander à la minute anbraten und unter dem Salamander oder Grill kurz gar ziehen lassen.
Die Pilze in Butter schwenken und würzen.
Die aufgeschlagenen Saucen in drei verschiedene Teller füllen.
Fischtranchen mit Lasagneblättern abdecken und Pilze aufsetzen.

Bemerkung

Anstatt der Waldpilze kann man auch schön die ganzjährig verfügbaren Shiitake, Austernkappen und Enokipilze kombinieren.
Letztendlich ist es auch kein Beinbruch, nur mit einer Pilzsorte zu arbeiten, die entscheidende Zutat, aus der das Gericht seine Spannung bezieht, sind die drei verschiedenen Kräutersaucen. Aus diesem Grund wird auch auf unterschiedlichen Tellern serviert, damit die feinaromatischen Saucen nicht vermischt werden.

Ragout von Aal und Flusskrebs
mit Bronzefenchel im Füllkohlrabi

für 4 Personen

4 junge kleine Kohlrabi, ca. 5 cm Ø

Salz

2 EL fein geschnittene Schalotten

1 EL Butter

300 g frisches Aalfilet

Mehl zum Bestäuben

weißer Pfeffer, Muskatnuss

100 ml Fischfond

200 g Küchencreme oder

dicke süße Sahne

20 Krebsschwänzchen

250 g "süße" Füllgemüse der Saison,

beispielsweise:

Zucchini, feine Möhrchen,

Zwiebellauch, Kaiserschoten,

Brokkoli, kleine Spargelköpfe,

Erbsen, kleine Morcheln,

kleine Pfifferlinge

frischer Bronzefenchel

Noilly Prat

Dillspitzen und -zweige

Nach Belieben:

4 Krebsnasen

Krebsfarce

Zubereitung

Von den Kohlrabi die Deckel abschneiden, dabei das Grün daran lassen. Die Kohlrabi in der Schale in Salzwasser bissfest köcheln, erst dann schälen und unten so abschneiden, dass sie stehen bleiben. Mit dem Perlausstecher das Fruchtfleisch ausheben, damit Kohlrabibecher entstehen. Kohlrabiperlen und Becher warm stellen.

Die Schalotten in Butter glasig schwitzen.
Das Aalfilet in daumennagelgroße Stücke schneiden.
Die gesalzenen Aalstücke, die zuvor mit einem Hauch Mehl bestäubt werden, zu den Schalotten geben und ohne Farbe annehmen zu lassen sautieren.
Würzen und mit dem Fischfond und der Küchencreme dicklich einkochen lassen.

Die Krebse abkochen und die Schwänzchen ausbrechen. Die Saisongemüse in Salzwasser blanchieren, in mundgerechte Stücke schneiden. Das Gemüse mit den Kohlrabiperlen und den Krebsschwänzchen in der Aalsauce warm schwenken. Mit Noilly Prat abschmecken und frische Dillspitzen unterziehen.

Die warm gestellten Kohlrabibecher auf kleine Teller setzen und mit Ragout füllen, es darf ruhig etwas überlaufen. Den Deckel aufsetzen und das Gericht mit Dillzweigen garnieren.

Wer ein paar Krebse mehr hat, füllt pro Portion 1 Krebsnase mit Krebsfarce (etwa 1 EL pro Portion), die aus weißen Fischabschnitten, z.B. den Resten des Aalfilets, Sahne und Krebsfleisch gecuttert wird.

Bemerkung
Selbst wer normalerweise nicht gerne Aal isst, wird vom Geschmack und der Konsistenz, die dieser Fisch dem Ragout gibt, begeistert sein. Aal ist hier durch nichts zu ersetzen.

Weinempfehlung
Weiß- oder Grauburgunder Spätlese, zum Beispiel eine Bassgeige von Franz Keller vom Kaiserstuhl.

Moschusmalve

Wildkräuterrisotto

mit Balsamöl, Krebsen und Hummer

für 4 Personen

Abschnitte von Krustentieren

Krustentier- oder Fischfond

1 fein gehackte Zwiebel

1 zerdrückte kleine Knoblauchzehe

8 EL Rundkornreis "Vialone Nano"

1 EL Balsamöl Sommer-Cuvée

1 Glas trockener Weißwein

Krebsschwänzchen

mundgerechte Stücke vom Hummer

4 EL vorgegarte Gemüsebrunoise

1 EL Noilly Prat

1 Spritzer Pernod

Safranfäden

Salz, Pfeffer

100 g Wildkräuter

100 g glatte Petersilie,

in Fischfond blanchiert

4 EL Tomatenconcassé

Zubereitung

Die Krustentierabschnitte würzen und in Fond ziehen lassen. Die Zwiebel und den Knoblauch mit dem Reis in Öl anschwitzen. Den Wein dazugeben. Immer wieder rühren. Sobald der Wein eingekocht ist, den Kochfond nach und nach angießen und immer wieder rühren.
Nach 20 Min. sollte das Risotto eine körnige Konsistenz mit etwas Biss haben.

Nun die Krebsschwänzchen und die Hummerstücke mit der Gemüsebrunoise vorsichtig unter den Reis geben. Noch 5 Min. mitköcheln lassen, mit Noilly Prat, Pernod, Safran, Salz und Pfeffer abschmecken.
Die Wildkräuter mit der Petersilie im Mixer pürieren. Die Beigabe der Petersilie ist wegen der Farberhaltung sehr wichtig. Das giftgrüne Kräuterpürée und Tomatenconcassé unmittelbar vor dem Servieren unterheben.

Bemerkung

Zum Thema Risotto mehr im Küchenkompendium.
Die Wahl der Fische beeinflusst natürlich stark den Charakter des Gerichts. Wir machen es schon mal nur mit mecklenburgischen Binnenfischen und Flusskrebsen, dann auch wieder völlig mediterran, je nachdem was gerade an Fisch & Co. zur Verfügung steht. Anstatt Krebs und Hummer kann natürlich jeder andere frische Fisch, können Krustentiere, Muscheln etc. verarbeitet werden, aus welchem See, Fluss oder Meer sie auch immer kommen mögen. Auch das Kräuterpürée ist nicht zwingend. Man kann statt dessen fein gehackte Wildkräuter nehmen.
Als passende Sauce für das Gericht empfehle ich aromatisiertes Balsamöl. Dazu luftgetrocknete oder Ofentomaten in feinste Brunoise schneiden und mit etwas Balsamöl Sommer-Cuvée verrühren. Diese Mischung kann einige Tage aufbewahrt werden.

Weinempfehlung

Die Sorte, die Sie zum Kochen benutzt haben.

Hopfentriebe

Salat von gebratenem Spargel

mit Entenleber und Trüffelvinaigrette

für 4 Personen

4 Scheiben parierte Entenleber, je etwa 50 g

2 EL geklärte Butter

Salz, Spice parisienne

1 weißer Chicorée

8 grüne oder weiße Spargelköpfe

1 EL neutrales Öl

12 kleine Shiitakepilze

8 blanchierte Zuckerschoten

weißer Pfeffer

Hopfensprossen oder Bocksbart

für die Trüffelvinaigrette

2 EL Trüffeljulienne

4 EL dunkle Glace

2 EL alter Balsamico

1 EL Trüffelöl

1 EL Balsamöl Herbst-Cuvée

Salz, Pfeffer

Zubereitung

Die Entenleber in der Butter auf beiden Seiten anbraten, würzen und unter dem Salamander oder Grill in 3-4 Min. gar ziehen lassen.

Chicorée quer in Scheiben schneiden. Die Spargelköpfe halbieren und kräftig in Öl anbraten, dann die Pilze und den Chicorée dazugeben.
Das Gemüse abschmecken. Die Zuckerschoten erst unmittelbar vor dem Servieren etwas warm schwenken.
Für die Trüffelvinaigrette die Trüffeljulienne in der Glace erhitzen, Essig und Öl unterziehen und abschmecken.

Hopfensprossen oder Bocksbart kurz in gesalzenem Butterwasser gar ziehen lassen und dazu anrichten.

Bemerkung

Man kann das Gericht sowohl mit frischer Entenleber als auch mit Enten-Stopfleber servieren.

Als à la carte-Gericht wird etwa die doppelte Menge Entenleber und ein wenig mehr Salatgemüse genommen.
Das Gemüsesortiment kann um alles erweitert bzw. ergänzt werden, was zur Trüffel passt.

Weinempfehlung

Dazu darf es ein kräftiger weißer Burgunder sein.

Ackerveilchen

Marinierte Waldpilze

mit grüner Trüffelvinaigrette

für 4 Personen

1 kleine schwarze Trüffel

100 g herbstliche Wildkräuter

Petersilie und Thymian

Meersalz

100 ml Balsamöl Herbst-Cuvée

1 EL Trüffelöl

400 g festfleischige Waldpilze,

vorzugsweise Steinpilze

2 EL weißer Balsamico

neutrales Öl

Thymian

1 Knoblauchzehe

Pfeffer

Salatblätter und Kräuter

für die Garnitur

Zubereitung

Die Trüffel schälen (Schalen für eine Trüffelsauce aufbewahren) und in feine Julienne schneiden.
Wildkräuter, Petersilie und Thymian fein hacken, mit Meersalz und dem Balsamöl pürieren.
Die Trüffeljulienne mit dem Wildkräuterpüree vermischen. Das Trüffelöl unterziehen, mit Balsamöl dezent abschmecken und durchziehen lassen.

Die Pilze in 2-3 mm starke Scheiben schneiden.
Balsamico in eine heiße Pfanne geben und einkochen lassen. Etwas Öl dazugeben und die Pilze kräftig darin schwenken, die Ränder dürfen ruhig etwas kross werden.
Thymian und durch die Presse gedrückten Knoblauch zugeben und die Pilze, die jetzt mit einem Ölfilm überzogen sein sollten, salzen und pfeffern.
Wenig Balsamöl Herbst-Cuvée in die Pfanne geben, die Pilze nochmals erhitzen, abschmecken, vom Herd nehmen und ca. 5 Min. ziehen lassen.

Die lauwarmen Pilzscheiben in der Tellermitte anrichten, mit dem Salat und den Kräutern und, falls gewünscht, weiteren Beilagen anrichten. Mit dem grünen Trüffelöl nappieren und servieren.

Bemerkung

Das Gericht kann um weitere Beilagen bereichert werden. Auf dem Foto ist dies ein "Kotelett von der Wachtel". Die Herstellung entspricht genau dem Rezept für die gefüllte Wildente. Die Wachtel kann wie eine Terrine kalt oder warm dazu gereicht werden.

Weinempfehlung

Wie wär´s mit einem Glas "Malterer" vom Weingut Huber aus dem badischen Malterdingen?

Fisch &
Meeresfrüchte

Mit Kholombo gewürzte Lotte

mit Limetten-Balsamölsauce und Auberginenküchle

für 4 Personen

300 g Lottefilet (Seeteufel)
Salz, weißer Pfeffer
Kholombopulver
(indische Gewürzmischung)
geklärte Butter
Öl für das Blech
1 feste Aubergine
1 kleine fein gehackte Zwiebel
1 kleine Knoblauchzehe
2 EL Balsamöl Sommer-Cuvée
Fenchelsamen
4 EL Tomatenconcassé
Tomatenmark nach Belieben
5 Crêpes, Ø etwa 8 cm
1 Eigelb
1/2 Glas Weißwein
120 ml Balsamöl Sommer-Cuvée
1/2 Limette
Zucker

Zubereitung

Die Fischfilets tranchieren und von der Haut schneiden, in 12 dünne Scheiben schneiden, mit etwas Salz, Pfeffer und dezent mit Kholombopulver würzen.

Kurz vor dem Servieren die Scheiben von beiden Seiten in Butter kurz braten, so dass sich leichte Röstspuren zeigen. Ein Blech, das alle Scheiben in einer Lage aufnehmen kann, einölen und die Scheiben auflegen. Unter dem Grill in 2 Min. fertig garen.

Die Aubergine halbieren, das Kerngehäuse entfernen und das Fleisch würfeln. Mit Zwiebel und Knoblauch anbraten und mit Balsamöl, Fenchel und den Tomaten weich köcheln. Im Mixer pürieren und nach Gusto mit Salz, Pfeffer und Tomatenmark abschmecken.

Die erste Crêpe mit dem Püree bestreichen und mit der nächsten Crêpe bedecken. So fortsetzen, bis ein Schichtkuchen mit 5 Lagen entstanden ist. Die oberste Schicht wird mit einer Crêpe abgeschlossen.

Für die Limettensauce in einer Sauteuse das Eigelb mit dem Weißwein anrühren, damit etwas Bindung entsteht. Das Öl dazugeben und unterziehen. Mit Limettensaft, Salz, Pfeffer und Zucker abschmecken. Vorsichtig erhitzen und mit dem Handmixer aufschlagen, mit Salz und etwas Zucker abschmecken.

Den Crêpes-Auberginenkuchen in Portionsstücke schneiden und kurz aufwärmen. Die Stücke können sehr schön mit einem gerösteten Stück Aubergine dekoriert werden.

Bemerkung

Das rauchige Aroma des Kholombopulvers passt sehr gut zu diesem festfleischigen Fisch. Den Kontrast mit dieser erfrischenden Sauce, die auch gut zu anderen gebratenen Fischen oder Krustentieren passt, halte ich für sehr gelungen.

Weinempfehlung

Weißer Burgunder oder Grauburgunder oder ein Pinot Auxeroise.
Weine der Sorte Sauvignon blanc passen ebenfalls sehr gut.

Mit Wildkräutern gebeizter Ostseelachs

mit kleinem Salat und Sommeröldressing

für 4 Personen

1 Lachsseite mit Haut

Zitronenscheiben

je ein Bund Bronzefenchel oder

Fenchelgrün, Süßdolde,

Knoblauchrauke, Petersilie

Fenchel- oder Anissamen

Pfeffer-, Senf- und fein gestoßene

Korianderkörner

1 EL Weißweinessig

2 EL Balsamöl Sommer-Cuvée

20 g Salz

5 g Pökelsalz

10 g Zucker

für das Sommeröldressing

1 Eigelb

3-4 EL Balsamöl Sommer-Cuvée

2 TL Wildkräutersenf

etwas frisch gepresster Limettensaft

Salz, Zucker, weißer Pfeffer

Wildkräutermesclun, siehe S. 11

Zubereitung

2-3 Tage vorher

Die Kräuter hacken und zusammen mit den übrigen Zutaten eine Beize bereiten.
Auslegeplatte mit hohem Rand mit Folie auslegen. Zitronenscheiben und Marinade darüber verteilen.

Den Fisch mit der Fleischseite hineinlegen und gut andrücken. Den Fisch mit der Marinade fest in Folie packen und leicht beschwert 2-3 Tage im Kühlschrank ziehen lassen. Wer einen Vakuumierer hat, erledigt dies im Vakuumbeutel.

Vor dem Servieren die groben Marinadeteile mit dem Messerrücken entfernen. Lachs am Filetkopf beginnend in feine Streifen schneiden, zur Rose drehen oder wie ein Carpacchio anrichten.

Das Eigelb mit ein paar Spritzern Wasser kalt aufschlagen und das Balsamöl unterziehen. Bleibt die Sauce dünn und glasig, etwas warmes Wasser dazugeben.
Die Sauce zieht nun an, nicht zu dick werden lassen, wir wollen keine Mayonnaise.

Mit dem Senf, Limettensaft und den Gewürzen abschmecken. Wildkräutermesclun mit dem Dressing beträufeln, zum Lachs anrichten.

Bemerkung

Aus dem Schwanzstück kann man sehr schön ein Lachstatar herstellen. Hierzu aus Lachs, Zwiebeln, Gürkchen und nach Gusto hart gekochtem Eiweiß ein Häckerle machen und mit etwas Gurkenwasser, Balsamöl nach Wahl, Salz und Pfeffer abschmecken.

Weinempfehlung

Der Wein zu diesem Gericht muss sehr trocken sein, zum Beispiel ein Mosel Riesling Kabinett. Ein schönes Pils passt übrigens auch sehr gut.

Süßdolde

Mecklenburger Fische à la Aubergine

mit Süßdolde und Balsamöl-Joghurt-Sauce

für 4 Personen

2 große Artischocken
etwas Sahne
1 große mehlige Kartoffel
Salz, Pfeffer
Balsamöl Sommer-Cuvée
2 kleine Auberginen
1 Knoblauchzehe
Meersalz
1 TL Pfefferkörner
1 TL Korianderkörner
1 TL Fenchel- und Anissamen
je 100 g pariertes Fischfilet der
Sorten: Lachs, Saibling, Zander,
Wels, die Fischfilets fingerdick auf
10 cm Länge geschnitten
4 EL Fischfarce
Alufolie
4 EL fein gehackte Schalotten
Butter
4 EL Fischfond
1/2 TL Maisstärke
200 g Naturjoghurt
Zucker
Balsamöl Sommer-Cuvée
1 Sträußchen Süßdolde
oder 20 zarte Pimpinellenzweige

Zubereitung

Für das Püree die Artischocken kochen, den Boden auslösen und das Fleisch an den Blattansätzen abschaben.
Den Boden klein schneiden und mit etwas Sahne zu einem Püree mixen. Die Kartoffel kochen, abziehen und mit dem Artischockenpüree zu einem feinen Püree stampfen. Mit Salz, Pfeffer und etwas Balsamöl abschmecken.

Die Auberginen vierteln. Das Fruchtfleisch von der Haut abschneiden, dabei aber unbedingt 1 mm Fruchtfleisch über der Haut stehen lassen. Die Schalen kurz blanchieren.
Aus Balsamöl, rohem oder gebackenem Knoblauch und Meersalz mit dem Stabmixer eine dünne Paste herstellen. Das Fruchtfleisch über der Haut damit einpinseln. Pfeffer, Koriander, Fenchel- und Anissamen sehr fein mahlen und die Auberginen damit dezent würzen. Das Pulver dabei nicht ganz verbrauchen! Alufolie mit Öl bestreichen. Die Auberginenhäute darauf überlappend 15x10 cm auslegen. Etwas Farce und die abgelängten Fischfilets quer zur Naht auflegen, und mit der Alufolie zu einer Roulade von etwa 5 cm Durchmesser und 10 cm Länge aufdrehen. Die Rouladen für 10-12 Min. auf den Rost in den auf 185°C vorgeheizten Ofen legen.

Die Schalotten anschwitzen und den Fischfond mit der darin verquirlten Maisstärke sowie den Joghurt angießen. Mit dem Gewürzpulver, Salz und Zucker abschmecken. Unmittelbar vor dem Servieren abseits vom Herd etwas Balsamöl langsam unterschlagen. Durch ein Haarsieb treiben, mit dem Handmixer kurz aufschlagen, abschmecken und den Saucenspiegel auflegen.

Die Rouladen in vier Tranchen von 5 cm aufschneiden (das geht am besten mit einem Elektromesser). Mit Nocken vom Artischockenpüree und Süßdoldenspitzen anrichten.

Bemerkung

Aus dem ausgelösten Auberginenfleisch kann anstatt des Artischockenpürees mit etwas Knoblauch, Tomatenmark, Sardelle und Balsamöl ein Auberginenpüree zubereitet und serviert werden.

Vogelmiere

Gegrillte Meeräsche

mit Sauce Choron, Zuckerschoten und Cashewnüssen

für 4 Personen

500 g Meeräschenfilet mit Haut
(etwa 1,5 kg)
Meersalz, Pfeffer
neutrales Öl
2 EL Wildkräuterpüree
4 EL Balsamöl Sommer-Cuvée
40 g Cashewnüsse
200 g Zuckerschoten
etwas Butter
4 EL Limetten-Balsamöl-Sauce
4 EL Tomatenconcassé
1 EL Tomatenmark
Zucker
1 Spritzer Brandy

Zubereitung

Die Filets in vier Tranchen schneiden, die Haut mindestens zweimal einritzen, würzen und à la minute auf der Hautseite in Öl kross anbraten, kurz wenden.
Das Kräuterpüree mit dem Balsamöl mischen, mit Salz abschmecken. Den Fisch mit der Hautseite nach oben auf ein Blech legen und die Hautseite mit der Kräuter-Ölmischung einpinseln. Unter dem Salamander oder dem Grill 3-4 Min. grillen. Die Cashewnüsse ohne Fett in einer Pfanne rösten. Die Zuckerschoten blanchieren, danach in Streifen schneiden und in etwas Butterwasser à la minute warmziehen und mit den Nüssen servieren.

Die Limetten-Balsamöl-Sauce zubereiten wie im Lotte-Rezept (siehe S. 41) beschrieben. Mit der Limette sparsam umgehen. Tomatenconcassé hinzugeben, warm ziehen und mit dem Stabmixer aufschlagen. Mit Tomatenmark, einer Prise Zucker und einem Spritzer Brandy abschmecken.

Nach dem Anrichten auf dem Teller den Fisch noch einmal mit dem Kräuteröl nachwürzen.

Bemerkung
Die Meeräsche ist ein sehr kräftig schmeckender Fisch. Der Preis für Meeräsche ist vergleichsweise niedrig, was auf eine, für mich schwer nachvollziehbare, geringe Popularität dieses Fisches hindeutet.

Weinempfehlung
Weißer Chateau Grillet oder ein anderer Weißwein von der Rhone ist hier wohl erste Wahl.

Wiesenkümmel

Steinbutt

auf Tomatenfondue, grünem Spargel und Creolenreis

für 4 Personen

800 g Steinbuttfilet
(etwa 2,4 kg Steinbutt amK)
1 fein geschnittene Schalotte
neutrales Öl
100 ml Fischfond
100 ml Weißwein (Sauvignon blanc)
1 kleines Bund
fein gewürfeltes Suppengrün
4 aromatische Tomaten
Butter
500 g Tomatencoulis
weißer Portwein
Brandy
Salz, weißer Pfeffer
4 EL Wildreis
4 EL Basmatireis
Nussöl
4 EL Brunoise von Paprika, Karotten,
Zuckerschoten usw.
frisch gehackte Petersilie
9-12 Stangen grüner Spargel
Balsamöl Edition Nr. 1 oder
Sommer-Cuvée

Zubereitung

Aus der Steinbuttkarkasse einen Fischfond kochen, der dann stark reduziert wird. Dafür die Schalottenwürfelchen in etwas Öl anschwitzen und mit den angegebenen Zutaten einen aromatischen Fond kochen. Den Fond zum Dämpfen in einen passenden Topf mit Locheinsatz geben.

Die Tomaten abziehen, vierteln und in der Butter anschwitzen. Würzen, Tomatencoulis dazugeben und auf kleiner Flamme schmoren. Die Tomatenviertel sollen "schmelzen" ohne zu zerfallen. Mit Portwein und Brandy aromatisieren und abschmecken. Gelegentlich schwenken wir zum Schluss noch ein wenig Kräuterbutter ein. Aber bitte nur selbst gemachte und selbstverständlich nur von frischen Kräutern bzw. Wildkräutern.

Die beiden Reissorten getrennt kochen. In eine Pfanne etwas Nussöl geben und die Brunoise darin anschwitzen. Den Reis untermischen und unmittelbar vor dem Servieren die Petersilie unterziehen.

Steinbuttfilets leicht würzen und 5 Min. über dem Sud dämpfen

In dieser Zeit auch den grünen Spargel kochen oder braten und vor dem Servieren mit etwas Balsamöl einpinseln.
Alle Zutaten wie auf dem Foto dekorativ anrichten.

Bemerkung

Dämpfen ist für den zartaromatischen Steinbutt die beste Garmethode.
Da das Tomatenfondue recht kräftig schmeckt, ziehe ich hier den doch wesentlich kernigeren grünen Spargel dem weißen Spargel vor.

Weinempfehlung

Eine elegante, trockene Riesling Spätlese aus dem Rheingau ist sicherlich eine gute Wahl. Entscheiden Sie sich für eine andere Sorte, z. B. einem Burgundertyp, achten Sie andererseits auf ein gutes Säuregerüst, also auch nicht zu alkoholreich.

Hirtentäschel

St. Pierre mit Schalottenconfit,

Steinpilzen, warmem Herbstöldressing und Wildkräuterbouquet

für 4 Personen

4-6 Schalotten
2 EL Zucker
125 ml Geflügelfond
40 ml Noilly Prat
400 g ausgelöstes Filet vom
St. Pierre ohne Haut
(etwa 1 - 1,2 kg amK)
Salz, weißer Pfeffer
geklärte Butter
200 g geputzte Steinpilze
Balsamöl Herbst-Cuvée
kleines Wildkräuterbouquet
(z.B. Rote Melde, Bronzefenchel,
Süßdolde, Hirtentäschel)
Streifen von blanchiertem Lauch und
Bierteig nach Belieben

Zubereitung

Zunächst das Schalottenconfit zubereiten. Dafür die Schalotten in feine Brunoise schneiden. Aus dem Zucker eine hellbraune Karamell ziehen und die Schalotten einrühren. Mit dem Fond und einem Schuss Noilly Prat auffüllen und weich köcheln lassen. Mit dem Handmixer aufschlagen und abschmecken. Confit beiseite stellen.
Das Confit kann auch in etwas größeren Mengen hergestellt werden, da es sich, kühl gelagert, gut aufbewahren lässt.

Die Filets in vier Tranchen aufteilen, würzen, in Butter anbraten und kurz unter dem Salamander oder Grill fertig grillen.

Die Pilzscheiben mit dem aromatischen Balsamöl bestreichen, salzen und kurz von beiden Seiten kräftig braten oder grillen.

Die Pilzscheiben auf den Teller legen, bei schönen großen Pilzen fächerförmig, und das Confit aufsetzen. Die Fischfilets anlegen und das Bouquet leicht unter das Filet schieben, sodass es einen guten Stand hat.

Bemerkung

Dieses Gericht macht sich sehr gut als Fischgang in einem festlichen Menü.
Die Wildkräuter sind nicht nur optisch ein Genuss, sondern Blatt für Blatt, mit Stücken von diesem wundervoll aromatischen Fisch und jeweils ein klein wenig Confit genossen, ist dies vor allem ein eindrucksvolles Geschmackserlebnis.
Deshalb werden die Kräuter natürlich nicht mit einer Vinaigrette gewürzt.
Wem es nicht behagt, die Kräuter ohne küchentechnische Bearbeitung und kalt auf den Teller zu legen, kann das Bouquet an den Stielen mit Lauchstreifen zusammenbinden und in etwas Bierteig getaucht ausbacken.
Statt Steinpilzen können außerhalb der Saison auch Shiitake oder rosa Champignons genommen werden.
In der Zeit in der es keine Wildkräuter gibt, servieren wir dieses Gericht nicht.

Weinempfehlung

Weißer Rhonewein oder versuchen Sie einen der seltenen Weißweine aus Galizien.

Meeresfrüchte

in San-Daniele-Schinken mit Balsamöl Edition Nr. 1

für 4 Personen

1 Hummer
Salz
4 große Garnelenschwänze
oder 8 kleine Scampi
4 Jakobsmuschelnüsse
8 EL weiße Fischfarce
8 Scheiben San-Daniele-Schinken
etwas blanchierter Spinat
1 gehäutete, entkernte, in Streifen geschnittene Tomate
Alufolie
Ofentomaten
4 EL Balsamöl Edition Nr. 1

Zubereitung

Den Hummer 6-8 Min. in Salzwasser abkochen und auslösen. Die Garnelenschwänze halbieren und die Jakobsmuschelnüsse vierteln.
Je vier Scheiben Schinken hochkant, überlappend auf eine geölte Alufolie setzen. Die Schinkenflächen sollten je etwa 15 cm hoch und 8-9 cm breit sein.
Den Schinken mit der Fischfarce bestreichen und die Meeresfrüchte, Spinat und Tomatenstreifen quer zur Schinkennaht auflegen.
In der Alufolie zur Roulade aufdrehen und die Enden fest zusammendrehen.
Die Rouladen für 12 Min. in den 185°C heißen Ofen geben.

Die Rouladen in 4 gleich große Scheiben schneiden.
Die Rouladen vor dem Servieren zuerst einmal in der Mitte aufschneiden. Wenn sie noch nicht gar ist, wieder in Alu eindrehen und noch etwas nachziehen lassen.

Die Ofentomaten in feinste Brunoise schneiden und mit dem Balsamöl vermengen

Bemerkung

Das Gericht eignet sich am besten als Zwischengang in einem festlichen Menü. Die angegebenen Mengen reichen dann gut für 8 Personen.
Der vorgeschlagene italienische Schinken ist sehr fein und lässt die Meeresfrüchte schön zur Geltung kommen. Mit dem kräftigen Serranoschinken gelingt das Gericht auch sehr gut, es bekommt durch den deftigeren Geschmack dieses Schinkens allerdings einen völlig anderen Charakter. Bei Serranoschinken ist es dann noch wichtiger, dass er sehr dünn geschnittenen wird. Zum Serranoschinken passt auch ein Schalottenconfit (siehe S. 49) ausgezeichnet.

Das mit Waldmeister aromatisierte Balsamöl Edition Nr. 1 eignet sich für Zubereitungen mit Krustentieren ganz vortrefflich. Andererseits macht es die Wahl einer Beilage nicht einfach. Geschmorte Fenchelscheiben, wie auf dem Foto gezeigt, sind eine gute Wahl.

Weinempfehlung
Chablis, möglichst ein grand cru.

Saibling auf Trüffel-Lauch

für 4 Personen

400 g junger Lauch

Salz

400 g festkochende Kartoffeln,

z.B. Sorte Sieglinde

4 Saiblingfilets, je etwa 150 g

für den Dämpffond

250 ml Fischfond

250 ml trockener Weißwein

für die Sauce

4 EL kräftige Gemüsebrühe

Salz, weißer Pfeffer

200 g Sahne

gründlich geputzte Trüffel

1 fein geschnittene Schalotte

Butter

125 g Sahne

1 Bund glatte Petersilie

Salz, Pfeffer, Muskatnuss

Butterflöckchen

Zubereitung

Den Lauch quer in 5 mm starke Streifen schneiden und in Salzwasser blanchieren.
Kartoffeln in der Schale kochen, abziehen und in 1/2 cm starke Würfelchen schneiden.

Den aromatischen Dämpffond aufsetzen und die Fischfilets mit der Haut nach oben in den Dampf hängen.

Lauch und Kartoffeln in die heiße Brühe geben, würzen, mit Sahne auffüllen und etwas köcheln lassen.
Abschmecken, frische Trüffelscheiben überhobeln und untermischen. Nach Gusto mit ein paar Tropfen Trüffelöl aromatisieren.

Das Gemüse anrichten und eine Saibling-Tranche daraufsetzen.

Wenn von den Trüffeln noch was übrig ist, kann etwas davon über den angerichteten Teller gehobelt werden.

Schalotte mit Butter in einer Sauteuse anschwitzen, Sahne dazugeben, abschmecken und aufkochen lassen. Die Petersilie ohne grobe Stiele in die kochende Sahne geben, kurz wieder aufkochen lassen und alles im Mixer pürieren. Durch ein Feinsieb streichen, abschmecken und à la minute mit Butterflöckchen aufgeschäumt als Sauce reichen, gegebenfalls etwas Sahne dazugeben.

Bemerkung

Unter den Süßwasserfischgerichten mein Favorit. Man kann das Gericht natürlich auch mit Forelle oder mit beiden Fischsorten auf den Tisch bringen. Hauptsache, der Fisch hat eine erstklassige Qualität.

Das Gericht eignet sich auch ganz hervorragend in einer Menüfolge, dann reicht natürlich die Hälfte der angegebenen Mengen.

Weinempfehlung

Eine schöne Weißburgunder Spätlese vom Kaiserstuhl, zum Beispiel von den Winzern Huber, Keller oder Dr. Heger.

Hopfensprossen

Forelle und Saibling

in der Kartoffelkruste auf Tomaten-Knoblauchbutter

für 4 Personen

2 Forellen (je etwa 300 g)

2 Saiblinge (je etwa 300 g)

etwas Suppengrün

Salz, Pfeffer

2 große Kartoffeln

neutrales Öl

Noilly Prat

1-2 Knoblauchzehen

4 EL kalte Butterwürfelchen

2 EL Tomatenconcassé

Krebsschwänzchen (nach Belieben)

1 Bund Hopfensprossen

Zubereitung

Die Fische filetieren und die Haut abziehen. Aus den Gräten mit etwas Suppengrün einen Fond ziehen.

Die Filets in etwa 5 cm lange Abschnitte schneiden und mit Salz und Pfeffer würzen. Jeweils eine gleich große Forellen- und Saiblingtranche aufeinandersetzen, wobei zwischen die Filets etwas Farce gestrichen wird, die man aus den Schwanzstücken bereitet.

Die Kartoffeln schälen und grob raspeln. Die Raspel sollten dabei möglichst lang geraten. Die aufeinandergesetzten Filets mit den Kartoffelraspeln zu kleinen Paketchen formen, wobei die Fische völlig umschlossen sein müssen, sodass sie beim Wenden in der Pfanne nicht auseinander fallen. Die Paketchen in Öl knusprig anbraten und im Ofen bei 175°C in 4-5 Min. saftig gar ziehen.

Währenddessen den Fond durch ein Sieb in eine Sauteuse geben und auf etwa 4 EL reduzieren. 1 Spritzer Noilly Prat und die durchgepresste Knoblauchzehe dazugeben, salzen und pfeffern. Die Butterwürfelchen unterziehen.

Sollte sich Fett klar abtrennen, sofort vom Feuer nehmen, notfalls etwas kalte Sahne unterschlagen. Die Sauce passieren und Tomatenconcassé, nach Belieben die Krebsschwänzchen einschwenken. Unmittelbar vor dem Servieren die Hopfensprossen blanchieren und alles anrichten.
Falls Sie die Fische als Hauptgericht servieren, empfehle ich tournierte Kartöffelchen als Beilage.

Bemerkung
Wer einen Gemüseschneider besitzt, mit dem man Gemüsespaghetti herstellen kann, benutzt diesen zum Herstellen der Kartoffelraspel. Je länger die Kartoffeljulienne, desto besser lässt sich der Fisch darin verpacken.

Weinempfehlung
Pinot Auxeroise aus dem Elsass oder vom Weingut Huber im badischen Malterdingen.

Bronzefenchel

Wels à la Nantua

mit Bronzefenchelgnocchi

für 4 Personen

150 g Bronzefenchel
50 g glatte Petersilie
Salz
300 g Toastbrot ohne Rinde
12 Krebse
Suppengrün
1 kleine fein geschnittene Zwiebel
2-3 fein geschnittene Champignons
2 El Concassé von vollreifen
Tomaten
200 ml Fischfond
200 ml trockener Weißwein

für die Sauce

etwas Brandy, weißer Portwein und
Noilly Prat
2-3 EL kalte Butterflocken
400-500 g Welsfilet
geklärte Butter

für den Gnocci-Teig

120 g Kartoffel-Gnocchi-Teig
Bronzefenchelspitzen
neutrales Öl

Zubereitung

Am Vortag den Bronzefenchel und die Petersilie in Salzwasser blanchieren, sofort in Eiswasser abkühlen. Mit etwas Wasser pürieren und mit diesem halbflüsssigen Püree die Toastscheiben tränken. An einen trockenen warmen Platz die Scheiben trocknen und dann im Cutter zu grünem mie de pain verarbeiten.

Krebse kochen und pro Person 3 Schwänze auslösen.
4 Krebsnasen beiseite legen. Die Karkassen klein hacken und mit den angegebenen Zutaten eine würzige Nage kochen. Die Nage durchpassieren und stark, auf die Konsistenz einer Glace, reduzieren.
Mit Brandy, weißem Port und Noilly Prat abschmecken und à la minute kalte Butterflocken nach und nach unterziehen.
Krebsschwanzfleisch warm stellen.
Welstranchen von beiden Seiten in Butter anbraten, etwas Butter auf die Oberseite pinseln und das grüne mie de pain auflegen. Mit ein paar Butterflöckchen belegen und unter dem Grill gar ziehen.
Den Gnocchiteig mit dem gehackten Bronzefenchel vermengen und pro Portion 3 Gnocchi abdrehen und in reichlich neutralem Öl ausbacken.
Den Fisch und die Sauce Nantua auflegen.
Mit den Krebsschwänzchen und den Gnocchi anrichten und mit einem kleinen Wildkräuterbouquet dekorieren.

Bemerkung
Mit Wels ist Wels gemeint, nicht die aus großen Zuchtbetrieben als Wels angebotenen, kulinarisch unergiebigen Catfische (Katzen-Wels). Welse sind die größten Fische in den hiesigen Binnengewässern, sie können über 2 m lang werden und in dieser Ausprägung jeden Angler zur Verzweiflung bringen.
Wenn Sie keinen richtigen Wels bekommen können, bereiten Sie dieses Rezept lieber mit Steinbutt oder Lotte zu.

Weinempfehlung
Ein kräftiger Chardonnay oder ein Weißer von der Rhone, z.B. Chateau Grillet.

Rukula

Gefüllte Maräne

mit Wildkräuter-Pestokartöffelchen

für 4 Personen

4 kleine Maränen (je etwa 120-150 g)

2 Artischockenböden

2 braune Champignons

1 Zwiebel

1 Staudenselleriezweig

1 rote Paprika

1 kleine Zucchini

2 EL geröstete Pinienkerne

1 TL zerdrückter Knoblauch

4 EL Tomatenconcassé

4 EL blanchierter Blattspinat

frische Weißbrotkrume

etwas Balsamöl

neutrales Öl

2 fein gehackte Schalotten

grünes Balsamöl

300 g Kartoffeln

kleine Sieglinde oder la ratte

Hühnerbrühe

2 EL Tomatenconcassé

2 EL Pesto ohne Käse oder

Rukolapesto oder Pesto

aus würzigen Wildkräutern,

z.B. Bärlauch, Süßdolde usw.

Zubereitung

Die Fische auf der Bauchseite bis zur Schwanzflosse aufschneiden. Den Kopf vom Rückenfleisch abtrennen ohne die Rückengräte zu durchschneiden. Die Rückengräte nun mit dem Kopf vorsichtig herausziehen, wobei sich auch die seitlichen Gräten mit ablösen. Die Rückengräte mit einer Schere kurz vor der Schwanzflosse, die aus dekorativen Gründen stehen bleibt, abschneiden. Noch vorhandene Gräten mit der Pinzette ziehen.

Aus den Gemüsen Brunoise schneiden. Bissfest garen, mit Pinienkernen, Knoblauch, Tomatenconcassé, Blattspinat vermischen und warm stellen.
Die Fische zu "Schmetterlingen" auseinander drücken, würzen und mit dem Gemüseragout füllen. Dem Ragout können noch Kräuter wie in Julienne geschnittenes Basilikum, Bärlauch oder Sauerampfer beigegeben werden, was jeweils zu einer anderen Note des Gerichts führt. Über die Füllung frisch geriebene Weißbrotkrume streuen und mit etwas Balsamöl benetzen.
In einer Pfanne neutrales Öl heiß werden lassen und die Fische auf der Hautseite einsetzen. Dabei die Pfanne etwas schwenken, damit die Fische nicht am Boden haften bleiben. Dann unter einem Salamander bzw. Grill 5 Min. garen.
Kartoffeln in der Schale kochen. Die Schalotten in etwas Balsamöl glasig dünsten und mit den Kartoffelscheiben vermischen. Warme Brühe dazugeben und ziehen lassen. Tomatenconcassé kurz vor dem Servieren noch etwas mitziehen lassen, Pesto erst à la minute unterziehen. Der Salat soll lauwarm serviert werden.

Bemerkung

Die Maräne ist in Bayern unter dem Namen Renke, in der Schweiz als Felchen bekannt. Zwischen den Alpen und unseren nördlichen Gefilden kommt dieser Schwarmfisch ansonsten wohl nicht vor. Maränen brauchen tiefe Seen und werden in Mecklenburg-Vorpommern nur im Sommer in Stellnetzen gefangen.

Es gibt zwei Sorten: die große Maräne, die handelsüblich etwa
250-300 g (es soll jedoch Exemplare bis zu 1 kg geben) wiegt,
und die kleine Maräne, die handelsüblich 100-150 g wiegt und
auf den ersten Blick an eine Sardine erinnert.
Geschmacklich ziehe ich die kräftige kleine Maräne vor, die
selbst eine so aromatische Füllung wie die hier gewählte
bestens verträgt. Als Hauptgang sind pro Person zwei dieser
Fischlein sicherlich nicht zuviel.

Weinempfehlung
Grauburgunder oder ein Vernaccia.

Fleischgerichte

Hirschkeule

auf alte Art

für 4 Personen

1 Rotwild-Hirschkeule, ca. 5 kg	Piment und Pfeffer, grob gestoßen
ca. 1 kg davon sind Knochen	frischer Thymian und Salbei
Beinfleisch und Parüren für den Fond	kräftiger Rotwein

für die Marinade	für den Schmorfond
1 Knoblauchzehe	1 l kräftige Rinderglace
2 geschnittene Zwiebeln	(mit Rotwein reduzierte Bouillon)
1/2 Sellerie	Mehl
250 g Petersilienstängel	Tomatenmark
2-3 geschnittene Möhren	1/2 Glas Holundergelee
1 Stange geschnittener Lauch	etwas Bitterschokolade
3-4 Blatt Lorbeer, 2 Nelken,	Die restlichen Zutaten wie für die Marinade

Zubereitung

1-2 Tage vorher

Die Keulenmuskeln sauber vom Knochen trennen und parieren.
Die Zutaten für die Marinade einmal aufkochen, erkalten lassen
und die zu Gulasch geschnittenen Fleischstücke von je ca. 80 g
hineingeben. Für 1-2 Tage bedeckt in den Kühlschrank stellen.
Gelegentlich durchrühren.
Die Gemüse für den Schmorfond anbraten und während des
Anbratens mit etwas Mehl bestäuben.
Beinfleisch, Knochen und Parüren klein hacken, rösten und mit
dem angebratenen Gemüse einen Schmorfond kochen.
Nach 90 Min. passieren und beiseite stellen.
Nach dem Erkalten entfetten.

Am Vortag

Die Marinade mit dem Gulasch durch ein großes Sieb geben.
Marinaden-Gemüse und das Fleisch aussortieren, trocken
getupft und getrennt auf zwei Auslegebleche geben. Zuerst
das leicht mehlierte Marinadengemüse anbraten und auf den
Boden eines schweren Bräters legen. Dann die mit Salz und
Pfeffer gewürzten Fleischstücke kräftig anbraten. Hierbei den
Bratensatz nicht verbrennen! Mit etwas Wasser lösen (ist er
schwarz, gehört er in die Mülltonne) und mit den angebratenen Fleischstücken dicht an dicht auf das geröstete
Marinadengemüse setzen. Die Marinade aufkochen, abschäumen und durch ein Tuch über das Fleisch passieren.
Mit dem Fond vom Vortag und Rotwein auffüllen, aufkochen
und bei 165°C 2-3 Std. mit Deckel im Ofen schmoren.
Das Schmorfleisch herausnehmen, den Fond passieren. Das
Schmorgemüse gut ausdrücken. Den Schmorfond mit dem
evtl. noch vorhandenem Wildfond und dem Holundergelee
auf Saucenkonsistenz reduzieren, mit Schokolade
abschmecken, durch ein Passiersieb über den Gulasch
geben und kurz aufkochen.

Am Serviertag

Die Schmorkeule in dieser Sauce aufbewahren und mind.
45 Min. vor dem Servieren bei 100-120°C in den Backofen
geben, bis das Fleisch ganz mürbe wird. Prüfen Sie das
zwischendurch.
Kürbis-Kartoffelpüree oder Selleriepüree, Rotkraut oder
Waldpilze sind dazu eine schöne Beilage.

Bemerkung

Ein Gericht für Saucenfreaks und Freunde kräftiger
Rotweine! Alte Art bedeutet, dass man das Fleisch so lange
in seinem eigenen Saft schmort, bis es zu einer
kompottähnlichen Konsistenz auseinander fällt. Zu kleine
Portionen kann man davon nicht kochen, aber das Gericht
schmeckt aufgewärmt genauso gut wie beim ersten
Servieren. Es lässt sich auch problemlos einfrieren. Passen
Sie beim Einkaufen auf: Das Gericht wird nur mit reinem
Muskelfleisch zur Freude!

Weinempfehlung

Auf jeden Fall muß der Wein eine sehr kräftige Struktur
haben. Ein kräftiger Cabernet oder Weine der Rebsorte
Nebiolo.

kleiner Wiesenknopf

Kaninchenrücken

gefüllt mit getrüffeltem Grünkohl

für 4 Personen

Butter

Portwein

4 Kaninchenrücken mit Bauchlappen

etwas Suppengrün

8 EL gewürfeltes Kaninchen-

oder Hühnerfleisch

Salz

1 kleines Ei

Sahne

Pfeffer

200 g blanchierter Grünkohl

1-2 Perigordtrüffel

4 große, halbfest

kochende Kartoffeln

4 Dariolformen

(konische Metallformen)

Öl oder geklärte Butter zum Braten

Sellerie und/oder Trüffel

4 EL Fond Bordelaise

Schweinenetz oder Rouladennadeln

Zubereitung

Die Kaninchenrücken parieren, dabei darauf achten, dass die Bauchlappen am Rückenstrang bleiben. Die Rückenstränge auslösen. Von den Knochen und Parüren (Fleischabschnitte) mit etwas Suppengrün einen Fond kochen. Im Cutter die Farce aus gut gekühlten gesalzenen Fleischwürfelchen mit Ei cuttern. Nach und nach etwas Sahne angießen, bis eine geschmeidige, glänzende Konsistenz vorliegt. Zum Schluss den gut ausgedrückten Grünkohl untercuttern. Farce abschmecken. Die Trüffel schälen und in feine Julienne schneiden. Die Julienne in etwas Butter, Portwein und Fond pochieren.

Die ausgelösten Rückenstränge mit der Innenseite nach oben auf die Arbeitsfläche legen. Salzen und pfeffern und längs des Rückenstrangs mit der Farce und Trüffeljulienne belegen. Die Bauchlappen überschlagen. Rückenstränge in das Schweinenetz einschlagen oder mit Rouladennadeln fixieren. Würzen, anbraten und für 9-10 Min. in den auf 200°C vorgeheizten Ofen geben.
Für die Sauce die Trüffelschalen sehr fein hacken und in etwas Butter anbraten. Den Kaninchenfond und den Fond Bordelaise dazugeben und auf Saucenkonsistenz einkochen. À la minute kalte Butterflocken unterziehen und abschmecken.
Für die Kartoffeltörtchen oder Pommes sarladaise die Kartoffeln schälen und in sehr dünne Scheiben schneiden. Die Scheiben sollten so lang sein, dass sie den Deckel, die Seite und den Boden der verwendeten Dariolformen bedecken können.
Bei den üblicherweise verwendeten konischen Stahldariolen von 5 cm Wandhöhe und jeweils der Hälfte der 3 cm Deckeldurchmesser und 6 cm Boden also ergeben sich 9 cm.
Die ausgebutterte Form wird dann möglichst gleichmäßig und überlappend mit den zuvor angebratenen Kartoffelscheiben ausgekleidet.
Den Rest der Kartoffeln für das Püree oder die Pommes sarladaise verwenden. Die Füllung für Pommes sarladaise besteht aus Kartoffel- und Trüffelscheiben, die abwechselnd eingeschichtet werden. Eine köstliche, aber leider etwas kostspielige Angelegenheit! Die Kartoffeltörtchen werden mit einem Püree gefüllt (geht am besten mit der Spritztüte).

Dem Püree ist etwas Eigelb unterzumischen. Das Püree kann
sehr gut mit püriertem Sellerie und Trüffel aromatisiert
werden. Die Kaninchenrücken mit dem Elektromesser in
Scheiben aufschneiden. Die Kartoffeltörtchen aufsetzen.
Von weiteren Beilagen würde ich hier abraten.

Weinempfehlung
Ein schöner Spätburgunder oder ein grand cru aus dem
Burgund, z.B. ein Volnay, beide gereift!

Wiesenkerbel

Geschmorte Kaninchenkeule

mit Wildkräutersenf-Gratinée

für 4 Personen

4 Kaninchenkeulen

Röstgemüse

Öl zum Anbraten

Kaninchen- oder Fleischfond

Lorbeerblatt, Salz, Pfeffer

2 Fenchelknollen

Butter zum Anbraten

Noilly Prat

2 Eigelb

1 kleines Glas Weißwein

für das Wildkräutersenf-Gratinée

125 g Butter

1-2 EL Wildkräutersenf

4 EL Semmelbrösel

2-3 EL frische gehackte Wildräuter

Zubereitung

Die Kaninchenkeulen und das Röstgemüse anbraten, in einen passenden Schmortopf geben und mit dem Fond auffüllen, sodass die Keulen zu zwei Dritteln mit Fond bedeckt sind. Im geschlossenen Topf bei 175°C im Ofen 35 Min. schmoren. Die Keulen warm stellen. Den Schmorfond passieren und stark reduzieren.

Die Fenchelknollen längs zur Faser in Scheiben schneiden. Anbraten, etwas Fond und Noilly Prat angießen und gar ziehen lassen. Salzen und pfeffern.

Eigelbe und Wein miteinander schaumig aufschlagen. Die Rührschüssel auf ein heißes Wasserbad setzen und zur Sabayon aufschlagen. Zum Schluss den Wildkräutersenf unterziehen und mit Salz abschmecken.

Die Muskelfleischstücke sauber von den Knochen lösen und im reduzierten Schmorfond warm ziehen. Die Fleischportionen auf ein Auslegeblech setzten, mit der Wildkräutermischung bestreichen und unter dem Grill überbacken. Am besten die Senfkruste am Vortag herstellen, indem man die Zutaten mit einer Gabel gründlich vermischt. Alles in einer Alufolie zu einer Rolle von etwa 5 cm Durchmesser drehen. Einfrieren und nach Bedarf 2 mm dicke Scheiben abschneiden.

Das Kaninchenfleisch auf die Fenchelscheiben setzen, mit Sauce und Sabayon nappieren und unter dem Grill gratinieren.

Bemerkung

Als Beilage empfehle ich, wenn es denn sein muss, Rotkraut, das mit etwas Pflaumenmus abgeschmeckt wird, und dazu Waffelkartoffeln, Pommes Chips, jedenfalls was Knuspriges!

Weinempfehlung

Ein Gericht für gereiften Burgunder.

Petersilie

Fasanenbrust

mit geschmortem Chicorée

für 2 Personen

1 küchenfertiger Fasan
150 g Röstgemüse
Öl zum Braten
Salz, Pfeffer
Thymian
2-3 Lorbeerblätter
1 Glas Chardonnay
1/2 Glas weißer Portwein
2-3 EL Brandy
1 Perigordtrüffel
kalte Butterflöckchen
2 kleine Chicorée
1 EL Butter
Noilly Prat
Puderzucker

Zubereitung

Die beiden Fasanenbrüste von der Karkasse lösen.
Die Flügel und die restliche Karkasse inklusive der Keule klein hacken. Die Karkassenstücke und Keulen mit Röstgemüse kräftig anbraten. Wein, Kräuter und Gewürze dazugeben und mit Wasser knapp bedecken. Aufkochen, abschäumen und auf kleiner Flamme einen schönen Fond ziehen.
Fond passieren und entfetten.

Die Trüffel schälen und die Schalen die letzten 10 Min. mit im Fond kochen. Das Trüffelfleisch in Julienne schneiden.
Den Fond auf Saucenstärke reduzieren und die Trüffeljulienne einrühren, etwas ziehen lassen.
Vor dem Servieren noch einmal anwärmen und die Butterflocken einschwenken.
Den Chicorée in Butter anbraten, etwas Fasanenfond und Noilly Prat angießen und auf mittlerer Flamme 10 Min. schmurgeln lassen. Vor dem Servieren den Chicorée mit Schmorfond nappieren, mit Puderzucker bestäuben und unter den Grill stellen.
Die Fasanenbrüste anbraten, auf der Hautseite etwas kräftiger, mit Salz und Pfeffer würzen und 15 Min. in dem auf 75°C vorgeheizten Ofen warm stellen.
Picken Sie mit einer dünnen Nadel in das Fleisch, der austretende Saft muß klar sein. Ist der Saft rot, muss das Fleisch noch etwas ziehen. Die Brüste aufschneiden und fächerförmig anrichten. Als Beilage passt ein Petersilienpüree.

Bemerkung

Die Fasanenkeulen sind mit einer Menge Sehnen durchzogen. Ich bin hier deshalb entschieden auf der Seite der Sauce und verkoche die Keulen zugunsten eines wirklich gehaltvollen Fonds gleich mit. Weiterhin ist die Fasanenbrust nur dann ein Genuss, wenn sie nicht trocken gebraten wird. Das gelingt so gut wie nie, wenn man den ganzen Vogel im Ofen brät.

Weinempfehlung

Gut gereifter Bordeaux in einer mittleren Preislage ist ein Chateau Mauccaillou aus einem guten Jahr nie ein Fehlgriff.

Achtung!

Sollte Ihnen der Fasan zu durchgebraten geraten sein, also trocken, und die Wahrscheinlichkeit ist leider nicht ganz gering, haben Sie nur noch eine Chance, wenn Sie das Fasanenfleisch mit möglichst viel Sauce in Kontakt bringen. Dies bedarf dann einer anderen Art des Anrichtens. Schneiden Sie dem Chicorée die Spitzen ab und richten Sie diese kreisförmig in der Tellermitte an. Den Rest schneiden Sie in feine Streifen, die Sie in der Mitte des Kreises platzieren. Darauf legen Sie eine "Rose" aus sehr dünn geschnittenen Fasanenbrustscheiben, die Sie mit der Sauce nappieren.

Hirtentäschel

Geräucherte Taubenbrust

mit Sauce von der Meraner Kurtraube

für 4 Personen

2 große Tauben
4 EL Sofritto (Suppengemüse)
Rotwein
200 g Meraner Kurtrauben
oder rote Muskattrauben
Salz, Zucker
kalte Butterflöckchen
2 frische Feigen
100 ml Rotwein
100 ml Cumberlandsauce
4 EL Tannenwipfelhonig
Buchenspäne (Anglergeschäft)
Spice parisienne
Wildkräuterbouquet aus
z.B. Hirtentäschel, Süßdolde,
Bronzefenchel, Malve,
Ackerhellerkraut
blanchierte Lauchstreifen und
Ausbackteig nach Belieben

Zubereitung

Die Taubenbrüste auslösen. Die Karkassen klein hacken und mit dem Sofritto anrösten. Mit Wasser und etwas Rotwein auffüllen und einen Fond kochen. Passieren und sirupähnlich einkochen.

Die Trauben in einen Topf geben, wenig Wasser dazugeben und etwas köcheln lassen. Durch ein Sieb passieren und den Traubensaft auf etwa 100 ml reduzieren. Den Trauben- und Taubenfond zusammen auf Saucenkonsistenz reduzieren und mit Salz und Zucker abschmecken.
À la minute mit kalten Butterflöckchen montieren.

Die Feigen vertikal halbieren und die Hälften dritteln. In der mit Rotwein verlängerten Cumberlandsauce die Feigenspalten marinieren. Die Feigen à la minute in dieser Marinade vorsichtig warm ziehen.

Die Taubenbrüstchen würzen, die Hautseite anbraten und dann mit heißem, flüssigen Honig dünn nappieren. Die Brüstchen 7-9 Min. über Buchenholz und Wacholderbeeren bei 175°C heiß räuchern.
Die Brüste mit der Hautseite nach oben in eine heiße Pfanne setzen und unter den Grill stellen, bis die Haut schön bernsteinfarben überglänzt ist.

Die Kräuter zu kleinen Sträußchen zusammenlegen und an den Stielen mit den blanchierten Lauchstreifen zusammenbinden. Nach Gusto in Ausbackteig geben und in heißem Öl kurz ausbacken.

Bemerkung
Die Taubenbrüstchen sind kein Hauptgericht, man kann sich nicht daran satt essen. Dieser Teller ist aufgrund der Kombination von Raucharomen, Honigsüße und dem bemerkenswerten, kaum zu beschreibenden Aroma der Meraner Kurtraube ganz aussergewöhnlich. Man muss sich gut überlegen, wo und in welcher Kombination er in ein Menü eingebaut wird. Er passt immer in ein etwas exotisches Umfeld.

Weinempfehlung
Aus den zuvor genannten Gründen ist auch die Weinauswahl eine Herausforderung. Ein kalifornischer Syrah (Shiraz) oder ein anderer "Kraftprotz" mit reichlich Alkohol kann gegen die Aromenvielfalt des Gerichts vielleicht bestehen.

Wildentencrepinette

gefüllt mit schwarzen Nüssen mit Quittensauce

für 4 Personen

2 Wildenten

(ersatzweise kleine Nantaiser Enten)

Schweinenetz

2 schwarze Nüsse in Scheiben

4 Scheiben Entenstopfleber

für die Marinade

100 ml Portwein

20 ml Brandy, frischer Thymian

für die Sauce

1 Bund Suppengrün

500 ml dunkler Kalbsfond

125 ml Weißwein

125 ml Madeira

2 Wacholderbeeren

etwas Tomatenmark

1-3 EL Quittenpüree zum Abschmecken

für die Farce

2 gewürfelte Schalotten

80 g Geflügelleber

3 EL Butter

100 g Schweinenacken

100 g Entenfleisch (Brust oder Keule)

1 Eigelb

Pfeffer

1 EL Quittenpüree

etwas Sahne

Zubereitung

Von den Enten die Brüste und Keulen auslösen und die Haut abziehen. Keulen und Brüstchen in die Marinade geben.

Für die Sauce die Karkassen etwas zerkleinern, mit dem gewürfelten Suppengrün anbraten, mit dem Kalbsfond und den anderen Zutaten zur Sauce auffüllen und 1 Std. köcheln lassen. Durch ein Spitzsieb passieren und entfetten, bei Bedarf klären. Den Fond auf Saucenkonsistenz reduzieren.
Für die Farce die Schalotten mit der Geflügelleber in 1 EL Butter etwas anschwitzen und abkühlen lassen. Mit den anderen, gut gekühlten, kleingeschnittenen Zutaten und 2 EL Butter im Cutter zu einer feinen Farce verarbeiten.

Aus dem Schweinenetz 4 Rechtecke von 20 x 15 cm schneiden. Auf einer Fläche, die etwas größer als die Brustfilets sein soll, dünn etwas Farce aufstreichen. Die Brusthälften darauf legen und mit den Nussscheiben und Gänseleberstreifen belegen. Die Füllung etwas farcieren und die Keule so auflegen, dass der Beinknochen an einer Ecke über das Schweinenetz herausragt. Mit etwas Farce bestreichen und das Schweinenetz darüber schlagen. Die Crepinette etwas in "Kotelettform" drücken, der Beinknochen ragt nun wie ein Kotelettknochen aus dem Paket. Auf einem gefetteten Blech 16 Min. in den auf 195°C vorgeheizten Ofen geben. Nach Belieben noch kurz grillen, damit die Crepinette eine haselnussbraune Farbe annimmt und das Schweinenetz sich vollständig auflöst. Unbedingt vor dem Aufschneiden etwas ruhen lassen. Inzwischen die Sauce mit Quittenpüree abschmecken.

Bemerkung

Als Beilage geht alles, was klassischerweise zu Wildgeflügelgerichten passt. Besonders geeignet finde ich mit etwas Bitterorange geschmorten Chicorée und ein mit Selleriepüree gefülltes Kartoffeltörtchen. Wählt man Waldpilze als Beilage, würde ich diese mit einem Petersilienpüree kombinieren.

Weinempfehlung

Ein gut gereifter Burgunder oder ein deutscher Spätburgunder aus dem Barrique.

kleiner Wiesenknopf

Entensteak

gefüllt mit Kholombopflaume

für 4 Personen

5 getrocknete Pflaumen

100 ml Portwein

Kholombopulver

200 ml Entenfond

eiskalte Butterflöckchen

2 große, ausgelöste Erpelbrüste

4 Scheiben Entenstopfleber

nach Belieben

je 2 EL geklärte Butter und Öl

Salz, Pfeffer

Zubereitung

Die Pflaumen falls notwendig entsteinen und 1 Std. im Portwein einlegen. Wenn die Pflaumen weich geworden sind, herausnehmen und dezent mit etwas Kholombopulver würzen.

Den Entenfond mit dem Portwein und einer kleinegeschnitten Pflaume auf Saucenkonsistenz reduzieren, mit Kholombopulver abschmecken und passieren. Vor dem Servieren die Sauce mit eiskalten Butterflöckchen montieren.

Die Entenbrüste quer zur Faser in je 2 Scheiben schneiden. Die Scheiben, mit der Hautseite nach außen, mit Küchengarn zweimal zu einem Tournedo binden, wobei jeweils eine Kholombo-Pflaume als Füllung mit eingebunden wird.
Die Tournedos salzen und pfeffern und bei mittlerer Hitze 8 Min. in Öl und Butter braten. Dann für 10 Min. in dem auf 75°C vorheizten Ofen ruhen lassen. In der „Rossini"-Variante die Entenstopfleberscheiben von beiden Seiten kurz braten und auf die Tournedos legen.
Mit der Sauce nappieren.

Bemerkung
Dazu passt Rotkraut, mit etwas Pflaumen- mus abgeschmeckt, und eine knusprige Kartoffelbeilage, beispielsweise Waffelkartoffeln oder Pommes Chips.

Weinempfehlung
Gereifter Bordeaux, 83er und 85er Jahrgänge sind manchmal noch relativ preiswert zu bekommen.

Magentamelde

Lammcarré im Mangoldblatt

auf getrüffeltem Bohnenpüree

für 4 Personen

1 kleiner Lammrücken

Salz, Pfeffer

Öl zum Anbraten

für die Farce

1 fein gehackte Zwiebel

2 fein gehackte Knoblauchzehen

etwas Butter

je 100 g Lamm- und

Schweinenackenfleisch

1/2 feingeschnittene Sardelle

Kräuter der Saison, Salz, Pfeffer

blanchierte Mangoldblätter

Schweinenetz

100 g eingeweichte Corona-Bohnen

1 Zwiebel, 2-3 Nelken

2 Knoblauchzehen

2 Lorbeerblätter, Brühe

100 g Püreekartoffeln

frisch gehobelte Trüffel, Trüffelöl

für die Sauce

je 1 gehackte Zwiebel/

Knoblauchzehe

Thymian, Rosmarin, Salbei

getrocknete Tomaten

Lorbeer, Rosenpaprika, Rotwein

Lammfond, Safran

200 g Melde, Butter

Zubereitung

Vom Rücken den Rückenstrang ablösen, würzen und von allen Seiten kräftig anbraten. Die langen Rippenknochen ablösen, blanchieren und putzen.

Für die Farce Zwiebeln und Knoblauch in der Butter glasig braten und abkühlen. Mit dem Fleisch zur Farce cuttern, die anderen Zutaten unterziehen und würzen.

Den Lammstrang in 2 cm dicke Schnitzel schneiden, kurz anbraten und würzen und beidseitig 1 EL Farce daraufgeben. Den Knochen zur natürlichen Kotelettform anlegen und zuerst in Mangoldblätter, dann in ein Schweinenetz einschlagen.

Auf ein gefettetes Blech legen und im vorgeheizten Ofen bei 185°C 12 Min. garen.

Die Corona-Bohnen mit der halbierten, mit Nelken gespickten Zwiebel, Knoblauch und Lorbeer eben mit Brühe bedecken, einmal aufkochen und dann nur noch sanft simmern lassen. Die Garzeit, bis die Bohnen weich sind, kann je nach Alter der Trockenware sehr unterschiedlich sein. Rechnen Sie mindestens mit 1 Std. Kochzeit. Die Brühe durch ein Sieb in einen Topf schütten. Nelken und den Lorbeer entfernen und die Bohnen mit der Zwiebel und dem Knoblauch im Mixer pürieren. So viel Brühe dazugeben, dass ein cremiges Püree entsteht. Inzwischen die Püreekartoffeln kochen, abziehen und aus-dämpfen. Mit dem Stampfer das Bohnenpüree einarbeiten. Die zuvor in etwas Trüffelöl marinierten Trüffelscheiben unterziehen.

Für die Sauce Zwiebel und Knoblauch anbraten und die rest-lichen Zutaten dazugeben, mit Rotwein und dem Fond auffüllen und auf Saucenkonsistenz einkochen. Zwischendurch abschmecken, damit das Aroma nicht zu intensiv wird. Zum Schluss mit etwas Safranpulver und nach Belieben mit Rosenpaprika abschmecken und passieren. Falls erforderlich, die Sauce etwas binden.

Die Melde wird à la minute blanchiert und kurz in salzigem Butterwasser geschwenkt. Gut abtropfen lassen.

Das Püree mit zwei Löffeln zur Nocke formen und mit den Lammcarrés anrichten.

Weinempfehlung

Ein Chateauneuf du Pape, oder ein anderer Côte du Rhone, auch ein Bandol oder St. Joseph wären ein gute Wahl.

Lässt man den Safran in der Sauce weg, geht auch schön ein Languedoc oder Bordeaux.

Salbei

Lammkeule

in Serranoschinken mit Couscous

für 4 Personen

1 kleine Lammkeule oder

Lammschulter,

mind. 150 g schieres Lammfleisch

150 g fetter Schweinenacken

Öl zum Braten

Salz, Pfeffer

1 fein gehackte Schalotte

etwas Butter

1 Knoblauchzehe

1 kleines Ei

Thymian

Rosmarin, Salbei

8 dünne Scheiben Serranoschinken

Julienne von Trockentomaten

1 Stange Lauch

1 kleiner Zucchino, 1-2 Möhren

1 kleine feste Aubergine

2-3 fleischige Tomaten

1 klein gewürfelte Zwiebel

etwas Butter

50 g eingeweichte Kichererbsen

Salz, Harissa

150 g grober Couscous

500 ml Geflügelbrühe

Ras el Hanut, Butter

Zubereitung

Lammkeule in Öl anbraten, würzen und 20 Min. im vorgeheizten Ofen bei 195°C braten. Mindestens 10 Min. ruhen lassen und dann auslösen. Schalotte kurz glasig sautieren und aus dem Lamm, dem gewürfelten Schweinenacken und den anderen Zutaten eine Farce cuttern. Das Lammkeulenfleisch längs der Faser in 5 cm lange Streifen schneiden. Je 2 Serranoschinkenscheiben leicht überlappend auf eine gefettete Alufolie legen. Die Farce auftragen, die Lammfleisch- und Tomatenstreifen auflegen und in der Alufolie zu insgesamt 4 Würsten zusammendrehen. Im vorgeheizten Ofen auf dem Rost bei 195°C 12-15 Min. braten.

Die geputzten Gemüse in Würfel bzw. Stücke von 1 cm Kantenlänge schneiden. Tomaten schälen, entkernen und in Filets schneiden. Die Zwiebelbrunoise in Butter anschwitzen und die eingeweichten Kichererbsen mit den Tomaten und den Gemüsewürfeln dazugeben. Mit Brühe auffüllen und in 30 Min. gar köcheln. Vor dem Servieren etwas Sauce abnehmen und wenig Harissa einrühren.
Den Couscous mit heißer Brühe übergießen und 15 Min. quellen lassen. Den Couscous mit 2 Gabeln auflockern, mit Ras el Hanut würzen und dann entweder 15 Min. in einem Einsatz über dem Gemüse dämpfen oder mit etwas heißer Brühe und Butter heiß ziehen.
Bei dem gedämpften Couscous wird die Butter unmittelbar vor dem Servieren untergemischt.
Zum Servieren in der Tellermitte in einen Servierring von 8 cm Ø einen Sockel von 1 cm Höhe mit Couscous einfüllen und leicht andrücken. Darauf das Gemüse geben. Die Sauce um den Couscous verteilen. Die in Scheiben aufgeschnittenen Lammrouladen auflegen. Als Garnitur macht sich ein Salbeiblatt sehr schön.

Bemerkung

Nehmen Sie keinen anderen Schinken. Der Serrano hat ein sehr spezielles Aroma, welches für den beabsichtigten Gesamteindruck wichtig ist.

Harissa-Novizen sollten bei der Portionierung sehr behutsam vorgehen, diese Chilipaste ist wirklich sehr scharf.

Wenn Sie dazu noch etwas Fladenbrot reichen, ist die Imagination von Tausendundeiner Nacht fast perfekt.

Weinempfehlung

Ein mittelgewichtiger Rioja Crianza, z.B. el Coto oder der wirklich gute Grand Collegiata aus dem Torro.

Pimpinelle

Zicklein mit Ras el Hanut

im Strudelblatt

für 4 Personen

1 Zickleinkeule oder –schulter
à 500 g
Salz, Pfeffer
Öl zum Anbraten
Röstgemüse für die Sauce
Wein
100 g Ziegenfeta
Ras el Hanut
4 EL gehackte Wildkräuter
4 EL Balsamöl
(Grün oder Frühlings-Cuvée)
8 Blatt TK-Strudelteig (8x5 cm)
etwas flüssige geklärte Butter
100 g blanchierter Blattspinat oder
grüner Mangold
flüssige Butter
zum Bestreichen der Strudel

Zubereitung

Die parierte und entbeinte Zickleinkeule (Parüren und Knochen beiseite legen) würzen und anbraten. im Ofen bei 175°C 30 Min. garen. Inzwischen Knochen und Parüren klein hacken und mit dem Röstgemüse, Wasser und Wein einen Fond ziehen.

Den Ziegenfeta in 1 cm starke Scheiben schneiden, mit etwas Ras el Hanut würzen und in den Wildkräutern und dem Balsamöl marinieren.

Den Fond auf Saucenkonsistenz reduzieren. Unmittelbar vor dem Servieren den Fond mit dem Marinadenöl, das unter ständigem Schlagen bei schwacher Hitze untergezogen wird, aromatisieren.

Je zwei Strudelblätter übereinanderlegen und die Innenseite mit Butter auspinseln.

Den Spinat auf die Strudelblätter verteilen, das ausgelöste Zickleinfleisch darauf legen, die Fetascheiben darüber verteilen. Bei der Füllung durch Andrücken darauf achten, dass sie keine Luft mehr enthalten. Strudelblätter aufrollen, mit flüssiger Butter bestreichen und im vorgeheizten Ofen bei 185°C 10 Min. backen

Bemerkung
Als Beilage passt eigentlich nur das Füllgemüse, also Mangold oder Spinat.
Eine andere Möglichkeit wäre ein auf griechische Art zubereiteter Salat, der auf einem separaten Teller serviert werden sollte. Hierzu werden viel Zwiebeln und Kopfsalat in feine Streifen geschnitten. Dieser Salat wird mit gerösteten Sesamkörnern, Fetawürfeln und einer einfachen Vinaigrette aus Olivenöl und weißem Essig angemacht.

Sauerampfer

Geschmorte Rinderschulter

mit Essigkräutern

für 4-6 Personen

Rinderschulter von 1,5 kg

(Schaufelbraten)

Salz, Pfeffer

1 kg Röstgemüse

Mehl

Öl zum Anbraten

Thymian

Lorbeerblätter

Tomatenmark

500 ml Rinderfond

2 Flaschen roter Burgunder

für das Schmorgemüse

10 Schalotten

12 tournierte Karotten

Butter

3 EL Zucker

für das Essigkräuter-Püree

blanchierter Sauerampfer

glatte Petersilie

grünes Balsamöl

Essig

Salz, Zucker

Zubereitung

Rinderschulter parieren und in möglichst gleichmäßige, 80 g schwere Stücke schneiden. Ich halbiere dazu das Stück zuerst der Länge nach. Die gelatinösen Teile nicht wegschneiden, sie sind für die Qualität der Sauce wichtig. Die Fleischstücke salzen und pfeffern.

Das leicht mehlierte Röstgemüse kräftig anbraten und mit den Kräutern auf den Boden eines Schmortopfs legen. Dann die Fleischstücke rundherum kräftig anbraten und auf das Röstgemüse legen. Mit Tomatenmark, Fond und Wein auffüllen. Die Fleischstücke sollen zu etwa zwei Dritteln mit Flüssigkeit bedeckt sein. Bei 175°C im Ofen 45 Min. schmoren. Das Fleisch herausnehmen und den Schmorfond mit dem Gemüse durch ein Sieb passieren.
Den Fond auf Saucenkonsistenz reduzieren.

Die Schmorgemüse in Butter anbraten. Aus dem Zucker eine Karamell kochen und darin die gerichteten Schmorgemüse schwenken, mit etwas Schmorfond aufgießen und in 8 Min. gar schmoren lassen.
Für das Püree Sauerampfer und Petersilie aufmixen.

Das Kräuterpüree mit etwas Balsamöl verrühren und mit Essig, Salz und Zucker abschmecken.

Fleischstücke in die Mitte eines tiefen Tellers legen und mit der sämig eingekochten Sauce nappieren.
Das Schmorgemüse anlegen. Nun über das Fleisch ein wenig von den Essigkräutern als zusätzliche Würze geben.

Als Beilage dazu kann ich Selleriepüree wärmstens empfehlen.

Weinempfehlung
Eine deutsche Spätburgunder Spätlese oder eine der mittlerweile zahlreichen, erstklassigen Selektionsweine renommierter Winzer vom Kaiserstuhl, aus dem Rheingau oder von der Ahr. Aus dem letzteren Gebiet z.B ein Wein von Winzer Jean Stodden, der in den letzten Jahren zu Recht Furore gemacht hat.

Wiesenbocksbart

Geschmorte Kalbsbäckchen

mit Wildkräuterrisotto und Wiesenbocksbart

für 4 Personen

4 Kalbsbäckchen à 100 g

Salz, Pfeffer

Öl zum Anbraten

2 fein gehackte Knoblauchzehen

4 fein gehackte Zwiebeln

je 100 g fein gehackter

Staudensellerie, Petersilienstängel

2 fein gehackte Möhren

Mehl zum Bestäuben

Tomatenmark

Lorbeer

reichlich kräftige Brühe

kräftiger Rotwein

Brandy, roter Port, Tomatenmark

4-8 EL Canaroli Risotto

4 EL feine Zwiebelbrunoise

Weißwein, Brühe, Butter,

geriebener Parmesan

4-8 EL gehackte Wildkräuter,

z.B. Bärlauch, Knoblauchrauke,

Melde, Süßdolde, Bronzefenchel,

etwas frischer Majoran und Estragon

Butterwürfel

frisch geriebener Parmesan

18 Stängel Wiesenbocksbart

oder wilder Spargel

Zubereitung

Kalbsbäckchen parieren, die Parüren (Fleischabschnitte) beiseite legen. Bäckchen würzen und in Öl anbraten. In einem Topf die Hälfte des gehackten Gemüses leicht mehlieren und anbraten, die Kalbsbäckchen dicht an dicht einsetzen und mit Tomatenmark, Lorbeer, Brühe und Rotwein auffüllen, bei 150°C im Ofen 2 Std. schmoren. Während das Fleisch schmort, das restliche Gemüse leicht mehlieren und anbraten. Die Parüren darin scharf braten, Gemüse dazugeben mit Brühe und Rotwein eben bedecken. Alles 2 Std. schmoren. Danach passieren, alles gut ausdrücken und auf Saucenkonsistenz reduzieren. Die Bäckchen aus dem Schmorfond herausnehmen und den Fond durch ein Sieb passieren.
Den Schmorfond und den Fond der Parüren zusammen reduzieren, entfetten und abschmecken. Die Bäckchen in dieser Sauce aufbewahren und à la minute warm ziehen.
Reis mit Zwiebeln ohne zu bräunen in etwas Butter anbraten und mit Weißwein auffüllen. Immer wieder mit Brühe auffüllen, 20-25 Min. köcheln lassen, dabei ständig rühren. Wildkräuter und Kräuter unmittelbar vor dem Servieren mit Butter und etwas Parmesan unterziehen.
Den Wiesenbocksbart unmittelbar vor dem Servieren 20-30 Sek. in etwas gesalzenem Butterwasser gar ziehen lassen. Risotto im Servierring in die Tellermitte setzen, darauf das Schmorbäckchen und an drei Stellen den abgetropften Bocksbart legen. Dazwischen die Sauce nappieren.
Wem´s nicht bunt genug ist, kann Tomatenconcassé, gegrillte rote oder gelbe Paprikarauten anlegen.
Etwas Parmesan mit dem Trüffelhobel über das Risotto geben.

Bemerkung

Das Risotto kann noch sehr schön mit Pilzbrunoise verfeinert werden. Wichtig ist, dass man für das Risotto nur Wildkräuter mit ausgeprägtem Geschmack nimmt, die auch das kurze Erhitzen im Risotto vertragen. Es ist nichts dagegen einzuwenden, wenn das Wildkräutersortiment mit Gartenkräutern abgerundet wird. Besonders gut machen sich hier etwas Thymian, Estragon oder Majoran.

Weinempfehlung

Aus der Rebsorte Nebiolo (Barolo, Babaresco), Syrah oder ein kräftiger Sangiovese, auf jeden Fall muss der Wein eine sehr kräftige Struktur haben.

Karamellisierter Ochsenschwanz

mit gebackenem Sellerie und weißer und grüner Meerrettichsauce

für 4 Personen

1,5 kg Ochsenschwanz
3 Möhren
1/2 Knollensellerie, 2 Zwiebeln
1 Knoblauchzehe
Öl zum Anbraten
Salz, Pfeffer, Zucker
Mehl zum Bestäuben
1 EL Tomatenmark
Thymian, Rosmarin, Lorbeer
Petersilienstängel
1 l Rinderfond, etwas Fond extra
1 Flasche kräftiger Rotwein
Piment
1-2 EL Zucker
1 gehacktes Suppengrün
200 ml Velouté
Küchencreme, Sahne
60 g geriebener Meerrettich
100 g blanchiertes Selleriegrün
100 g blanchierte Selleriewürfel
Meersalz, weißer Pfeffer
4 gekochte Selleriescheiben
1 kleines Ei
mie de pain (Paniermehl)
Öl zum Ausbacken

Zubereitung

Den Ochsenschwanz vom Schlachter in Glieder zerteilen lassen, die ledrigen Hautteile entfernen. Die Parüren (Fleischabschnitte) beiseite legen. Gemüse in Würfel schneiden und in einem Bräter mit etwas Öl anbraten. Mit Salz, Pfeffer und etwas Zucker würzen, mit Mehl bestäuben und häufig wenden. Ochsenschwanz würzen und in einer Pfanne kräftig anbraten. Das Tomatenmark unter die Gemüse ziehen, die Kräuter zugeben und die Ochsenschwanzstücke auflegen, mit dem Fond und dem Rotwein zur Hälfte auffüllen, würzen. 1 1/2 Std. im vorgeheizten Ofen bei 185°C schmoren, dann das Fleisch wenden und noch einmal mindestens 1 1/2 Std. weiterschmoren. Das Fleisch muß so weich sein, dass es sich sehr leicht von den Knochen löst, ggfls. die Garzeit verlängern. Die Ochsenschwanzstücke herausnehmen und das Fleisch von den Knochen lösen. Den Schmorfond passieren und entfetten. In einer großen Stilkasserolle den Zucker karamellisieren, mit etwas Fleischfond ablöschen und den ausgelösten Ochsenschwanz darin wenden. Schmorfond wieder zugeben und noch einmal für mindestens 45 Min. im Ofen zu einer kompottähnlichen Konsistenz schmoren.
Von den Parüren und den ausgelösten Knochen mit etwas Suppengrün einen hellen Fond kochen, der für die Sauce auf 200 ml reduziert wird. Von diesem Fond eine Velouté kochen. Die Velouté je zur Hälfte in zwei kleine Sauteusen geben. In eine Sauteuse den Meerrettich und in die andere das Selleriegrün, dem nur wenig geriebener Meerretich beigegeben wird, füllen. Beides aufkochen, im Mixer gründlich pürieren, abschmecken und nach Gusto weiteren Meerrettich dazugeben. Der grünen Sauce können unmittelbar vor dem Servieren noch Kräuter oder Petersilienpüree beigegeben werden. Beide Saucen durch ein Feinsieb passieren. Die gekochten Selleriescheiben auf das Maß des Servierringes ausstechen und in mindestens vier "Kuchenstücke" schneiden. In Ei und Paniermehl panieren und in Öl ausbacken, etwas Küchenkrepp zum Entfetten ablegen.
Die Servierringe in die Tellermitte setzen und das kompottartige Ochsenschwanzfleisch zwei Drittel hoch einfüllen. Das Fleisch ein wenig andrücken. Erst unmittelbar vor dem Servieren den Ring abziehen, die Sellerieecken aufsetzen und die beiden Saucen angießen.

Bemerkung

Bestehen Sie auf Ochsenschwanz! Rinderschwanz, sprich Kuhschwanz, ist ziemlich mickrig und Sie kaufen fast nur Knochen. Sie handeln sich eine elende Puhlerei und wenig Fleisch ein.

Weinempfehlung

Ohne Meerrettichsauce wäre es leicht: Barolo, Brunello, kräftiger Cabernet Sauvignon oder Syrah, auf jeden Fall was Gereiftes! Ein guter Beaujaulais wie Chirouble ist eine gute Wahl.

Desserts

Gratinierter Ziegenkäse

mit Trüffelhonig

für 4 Personen

1 Ziegen-Feta erster Qualität
Balsamöl
(Frühjahrs- oder Sommer-Cuvée)
4 EL kräftiger Honig
(z.B. Tannenwipfelhonig)
2 EL Trüffeljulienne

Zubereitung

Den Ziegenkäse in dicke Scheiben schneiden und 1-2 Tage in ein Wildkräuter-Balsamöl Ihrer Wahl legen.

Den Honig erhitzen, bis er dünnflüssig ist. Die Trüffeljulienne dazugeben und ebenfalls ziehen lassen, damit die Trüffelaromen den Honig durchdringen. Dieser Honig kann im übrigen natürlich auch in größeren Mengen vorbereitet und aufbewahrt werden.

Den Ziegenkäse für 2-3 Min. unter dem Salamander oder Grill grillen und anschließend mit dem noch flüssigen Honig nappieren. Dabei darauf achten, dass jede Portion etwas von der Trüffeljulienne abbekommt.

Mit einem Wildkräuterbouquet hübsch anrichten.

Weinempfehlung

Auch hier darf es etwas exotisch sein. Süß, aber bitte mit einem noch präsenten Säuregerüst wegen des Honigs. Ein Rosen Muskateller oder ein Eiswein von Rhein oder Mosel?

Borretsch, Ackerveilchen, Süßdolde

Ziegenkäse

mit grünem Wildkräuter Balsamöl und marinierten Nüssen

für 4 Personen

200 g Ziegenfrischkäse
erster Qualität

fein gehackte Wildkräuter-Mesclun

grünes Balsamöl

Salz, Pfeffer

Cashew- oder Haselnüsse

1 EL Zucker

1 Glas Haselnussbrand

Zubereitung

Den Ziegenkäse mit den Wildkräutern der Saison verrühren und mit grünem Balsamöl abschmecken. Mit Salz und Pfeffer würzen und etwas ziehen lassen.

Für dieses Rezept gibt es viele Varianten, zum Beispiel kann man geröstete Sesamkörner oder Hanfsaat untermischen oder über den Käse streuen.

Marinierte Cashew- oder Haselnüsse

Zucker in einer Pfanne zu einer hellen Karamell kochen, mit etwas Wasser ablöschen, sodass ein dünnflüssiger Sirup entsteht. Die zuvor unter dem Salamander oder Grill etwas gerösteten Nüsse und ein kleines Glas Haselnussbrand dazugeben, alles gut durchschwenken und abkühlen lassen.

Bemerkung

Natürlich geht auch ein anderes Balsamöl, wobei die prägnanten Aromen der Saison-Cuvées dem Gericht natürlich eine völlig andere Note verleihen.

Weinempfehlung

Ein möglichst trockener Wein aus einem Mittelmeerland passt im Charakter sehr gut zu diesem einfachen Käsegang. Sizilien oder ein noch "exotischeres" Weinbaugebiet laden hier zum Experimentieren ein.

Brillat Savarin

mit Feige im Pumpernickelmantel

für 4 Personen

200 g Pumpernickel
Portwein
400 g Brillat-Savarin-Käse
10 reife frische halbierte Feigen

Zubereitung

Die Pumpernickelscheiben mit etwas Portwein tränken und cuttern. Die Masse zwischen zwei Folien oder Backpapier dünn ausrollen, die obere Folie abnehmen und den Pumpernickel auf die Maße der Terrinenform (am besten Dreieckform 0,4 l Inhalt) zuschneiden. Mit der Folie in die Form einsetzen. Den Käse durch ein Sieb passieren und glatt rühren. In einen Spritzbeutel geben und eine erste Lage in die Terrinenform geben. Glatt streichen und die erste Lage halbierter Feigen einlegen. Wieder etwas Käse aufspritzen und den Rest der Feigen zu beiden Seiten auflegen. Mit Käse und einer Schicht Pumpernickel abschließen. Die Form beschweren und 6 Std. im Kühlschrank ziehen lassen.

Bemerkung

Eine interessante Variante ist die Verwendung eines Ziegenfrischkäses anstatt des Brillat Savarins.

Weinempfehlung

Alter Port, Banyuls oder eine Beerenauslese von Mosel oder Rhein. Eine alte Gewürztraminer Spätlese ist auch eine schöne Begleitung. Fragen Sie Ihren Winzer, manchmal haben die Leute so etwas in einer hinteren Ecke, versteckt für gute Kunden, noch liegen.

Sauerklee

Wildkräuter-Eis-Triologie

für 4 Personen

Waldmeister-Eis

für den Sirup

1 kleines Bund Waldmeister

100 ml Weißwein

Zitronensaft

für die Eisgrundmasse

125 g Sahne

2 Eigelbe

1 EL Zucker

1/2 Vanilleschote

Leimkraut-Krokant-Eis

Sesamkörner, Pinien-

und Kürbiskerne

2 EL Zucker

50 g Leimkraut

75 g Naturjoghurt

75 g Sahne

Zitronensaft

Sauerklee-Orangenhonig-Eis

2-3 EL Orangenblütenhonig

100 ml Buttermilch

100 g Joghurt

50 g Sauerklee-Sauerampfer-Püree

Zubereitung

Den etwas angetrockneten Waldmeister 30 Min. im Wein ziehen lassen. Dann die Flüssigkeit zum Sirup reduzieren. Waldmeistersirup in der aufgekochten Sahne unterziehen und abschmecken. Eigelbe mit dem Zucker schaumig schlagen. Mit der heißen Sahne zur Rose abziehen und kalt schlagen. Mit Zitronensaft abschmecken. In der Eismaschine zu Eis rühren.

Für das Leimkraut-Krokant-Eis Karamell in der Sauteuse aus Zucker und Wasser herstellen. Körner und Kerne rösten und in dem blonden Karamell schwenken und abkühlen lassen. Leimkraut in feinste Julienne schneiden und mit dem Joghurt und der Sahne leicht aufschlagen. Mit Zitronensaft abschmecken. Den Krokant zerbröseln und alles zusammen in der Eismaschine zu Eis rühren.

Für das Sauerklee-Orangenhonig-Eis den Honig in der warmen Buttermilch auflösen. Wenn Sie keinen Orangenblütenhonig zur Verfügung haben, reduzieren Sie den Saft von 2 frisch gepressten Orangen auf 2 EL und lösen diesen Sirup mit neutralem Honig in der Buttermilch auf. Alles mit dem Joghurt und dem Kräuterpüree aufschlagen und in der Eismaschine zu Eis rühren.

Bemerkung

Ralf Hiener von der Firma "Essbare Landschaften" hat sich als Pionier für solche Eisspezialitäten mit Wildkräutern hervorgetan. Diese Art des Einsatzes wilder Kräuter lässt die Aromen der einzelnen Pflanzen besonders schön zur Geltung kommen.

Weinempfehlung

Sehr trockener Winzersekt, Geheimrat J. oder ein Champagner.

Sauerampfer

Bananensoufflé

mit Bananen-Joghurt-Eis

für 4 Personen

für das Bananensoufflé

Butter für die Förmchen

etwas Zucker

mie de pain (Paniermehl)

50 g Quark (40% Fett)

2 Eigelbe

50 g reife pürierte Banane

5 g Zucker

5 g Vanillezucker

Vanillemark von 1/2 Vanilleschote

Zitronensaft

2 Eiweiße

5 g Maisstärke

1 TL Zucker

für das Joghurteis

4 Eigelbe

1 EL Zucker

1/2 Vanilleschote

125 g Naturjoghurt

4 EL Sauerampferpüree

4 EL Bananenpüree

Zitronensaft

Zubereitung

4 heiße Förmchen ausbuttern und mit feinster, gezuckerter mie de pain bestreuen.
Quark mit Eigelben und dem Bananenpüree verrühren. Mit Zucker, Vanillemark und Zitronensaft. abschmecken.
Eiweiße mit Maisstärke zu steifem Schnee schlagen und unterheben.
Die Form maximal zur Hälfte füllen.
Im 1 cm hohen Wasserbad bei 200°C 10 Min. garen. Sobald die Soufflés schön aufgegangen sind, müssen sie serviert werden. Bei zu langem Backen fallen die Soufflés wieder zusammen.

Die Eismasse zur Rose abziehen. Nach dem Kaltschlagen ein Drittel der Masse abnehmen und mit dem Kräuterpüree vermengen.
Die verbleibende Masse mit dem Bananenpüree vermengen und beides getrennt in der Eismaschine zu Eis rühren.

Die fertigen Eismassen vermengen, sodass beim Abziehen von Nocken ein marmoriertes Eis entsteht.

Alles über Balsamöl & wildes Kraut

Wildkräuter sind Balsam für den feinen Gaumen.

Wildkräuter-Balsamöle werden ausschließlich aus frischen Wildkräutern der Region und nativer, kaltgepresster Rapssaat hergestellt.

Das Ergebnis dieser Produktinnovation sind feinaromatische Senf- und Speiseöl-Cuvées mit einem neuen, unvergleichlichen Geschmack. Die Rezepturen der Cuvées sowie das spezielle Maischverfahren stammen aus meiner Restaurantküche.

Wildkräuter sind eine kulinarische Kostbarkeit!

Mit den Wildkräuter-Balsamölen ist es gelungen, die geschmackliche Magie dieser seltenen und für den Endverbraucher sonst kaum erschließbaren Aromenvielfalt in einem durch und durch natürlichen Produkt zugänglich zu machen. Der Erfolg in der Küche ist bei richtiger Anwendung garantiert.

Längst verloren geglaubte Düfte und Aromen heimischer Wildkräuter kehren zurück und bereichern auf ganz einfache Weise eine moderne, feine und gesunde Küche.

Wildkräuter Balsamöle gibt es in verschiedenen Sorten.

Das feine grüne Öl für den täglichen Genuss und einige saisonale, hocharomatische Spezialitäten: Diese Vielfalt machte auch dieses Kochbuch notwendig.

Basis der Produktionsphilosophie ist die Rezeptierung der geschmacksprägenden Kräuter-Cuvée nach der jeweiligen Jahreszeit. Im Frühjahr mit den knackigen Kräutern des Frühlings, im Sommer mit den aromatischen Wildkräutern der warmen Jahreszeit und zum Kampagnenabschluss mit den Kräutern des Herbstes.

Weiterhin gibt es Editionsöle, z.Zt. die Editionsöle Nr. 1 und Nr. 2. Editionsöle sind immer unter dem Aspekt einer speziellen kulinarischen Verwendung rezeptiert. Von diesen Ölen werden immer nur kleine Mengen produziert, sie sind sozusagen die "Beerenauslese".

Das "grüne Öl", ein vollmundiges Öl für den täglichen Genuss, wird in einem speziellen Maischverfahren hergestellt, das neben seiner nussigen, unaufdringlichen Kräuternote auch für die schöne, namensstiftende sattgrüne Farbe dieser Cuvées sorgt. Das grüne Öl ist sehr universell in der Küche einzusetzen und kann, falls das jeweils angegebene Saison- oder Editionsöl gerade nicht verfügbar ist, dieses ersetzen.

Wildkräuter Balsamöle sind ernährungsphysiologisch außerordentlich wertvoll!

Solch günstige Fettsäurezusammensetzung und Vitamingehalte werden selbst von den raren, tatsächlich nativen Olivenölen nicht erreicht. Hinzu kommen die Wirkstoffe der wertvollen Wildkräuter, um deren gesundheitsfördernde Wirkung unsere Vorfahren wussten. Wildkräuter Balsamöl macht jetzt auch deren unvergleichlichen Geschmack, in Form kunstvoll zusammengestellter Wildkräuter-Bouquets, für die Küche verfügbar.

Das Besondere dieser Öle ist deren Verwendbarkeit, die sich nicht nur als wohlschmeckendes Öl auf die kalte Küche begrenzt, sondern auch reicher Aromenspender für Saucen und Suppen ist. Hierfür gibt dieses Kochbuch zahlreiche Beispiele.

Neu ist auch der Wildkräutersenf. Die Produktphilosophie ist die gleiche wie beim Öl. Es gibt eine Sorte "für den täglichen Genuss" und Cuvées mit den Wildkräutern der Saison. Diese fruchtigen, duftenden Senfsorten geben jedem Dressing, jeder Sauce oder jedem Gratinée eine prägnante Note.

Hier noch eine kurze Charakteristik der Öl- und Senf-Cuvées:

Generell werden Sie feststellen, dass die drei Saisoncuvées sofort Assoziationen zur jeweiligen Jahreszeit herstellen. Das sagt schon einiges darüber aus, zu welcher Art Speisen die verschiedenen Cuvées passen.
Das geschmacksprägende Kraut des Frühlings ist der Bärlauch, der sich im Frühjahrscuvée mit einer dezenten Knoblauchnote mitteilt und den ebenfalls enthaltenen Sauerampfer harmonisch ergänzt. An Salaten, Gemüseragouts oder –suppen, gegrillten und gebratenen Fischen oder zu Steaks und Lamm verjagt dieses Öl letzte Winterdepressionen sofort.

Süßdolde und Bronzefenchel sind die primären Würzpflanzen der Sommercuvées. Deren Anis-Aromen prädestinieren dieses Öl als perfekten Begleiter von Fisch-und Krustentiergerichten und sommerlichen Salaten. Die mit dieser Cuvée zubereitete Balsamöl-Limettensauce (Seite 40) ist zwar sehr einfach herzustellen, in ihrer Frische und Aromatik jedoch schwer zu schlagen.

Wegerich mit seinen an Pilze und Bucheckern erinnernden Aromen ist das die Herbstcuvées prägende Wildkraut. So passt dieses Öl auch besonders gut zu Pilzen, Wurzelgemüse oder Artischocken. Ein in diesem Öl sanft geschmorter Karpfen oder eine damit abgeschmeckte Wildsauce bringen diese spezielle Note des herbstlichen Waldes auf den Tisch.

Die Edition Nr. 1 ist das Öl für Krustentiere. Das Öl hat eine feine, vom Waldmeister geprägte Note, die mit dem immer etwas süßlichen Fleisch der Krustentiere, aber auch der Jakobsmuschel perfekt harmoniert. Das gleiche gilt für den jungen Spargel, dessen bitter-süßlichen Geschmack dieses Öl perfekt ergänzt.

Gewürztagetes ist das primäre Würzkraut der Edition Nr. 2, dem exotischsten aller Balsamöle! Etwas für experimentierfreudige Avantgardisten! Eine gebundene Gemüsesuppe, abgeschmeckt mit diesem Öl, würde selbst Suppen-Kasper schwach werden lassen.